章琤 ● 著

市场

政府和企业行为逻辑研究

一体化下

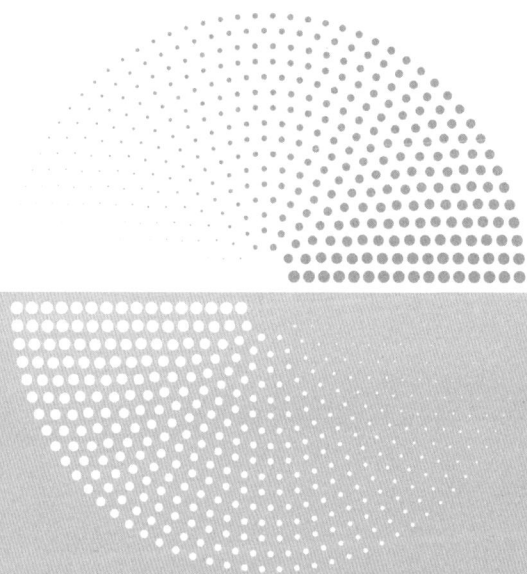

RESEARCH ON
THE BEHAVIORAL LOGIC OF
GOVERNMENT AND ENTERPRISES
UNDER MARKET INTEGRATION

ZHEJIANG UNIVERSITY PRESS
浙江大学出版社
· 杭州 ·

图书在版编目（CIP）数据

市场一体化下政府和企业行为逻辑研究 / 章琤著.

杭州 ： 浙江大学出版社，2025. 3. -- ISBN 978-7-308
-25988-0

Ⅰ. F123.9

中国国家版本馆CIP数据核字第2025B2C259号

市场一体化下政府和企业行为逻辑研究

章　琤　著

责任编辑	赵　静
责任校对	胡　畔
封面设计	林智广告
出版发行	浙江大学出版社
	（杭州市天目山路148号　邮政编码310007）
	（网址：http://www.zjupress.com）
排　　版	杭州林智广告有限公司
印　　刷	杭州高腾印务有限公司
开　　本	710mm×1000mm　1/16
印　　张	9
字　　数	152千
版 印 次	2025年3月第1版　2025年3月第1次印刷
书　　号	ISBN 978-7-308-25988-0
定　　价	78.00元

浙江大学出版社市场运营中心联系方式：0571 - 88925591；http://zjdxcbs.tmall.com

CONTENTS

目录

第一章　绪　论 1

第二章　中国国内市场分割：文献回顾 11

　　第一节　国内市场分割的主要测度方法 14

　　　　一、产出结构法 14

　　　　二、贸易流量法 15

　　　　三、价格法 16

　　　　四、经济周期法和技术效率法 16

　　第二节　国内市场分割的成因 17

　　　　一、财政激励 18

　　　　二、分工激励 20

　　　　三、晋升激励 21

　　第三节　国内市场分割的影响 22

　　　　一、宏观影响 22

　　　　二、微观影响 25

　　第四节　市场整合与政府支出 27

　　　　一、国际市场整合与政府支出 27

　　　　二、国内市场整合与政府支出 35

第五节　市场整合与企业创新　　　　　　　　　37

　　一、国际市场整合与企业创新　　　　　　　38

　　二、国内市场整合与企业创新　　　　　　　39

第三章　中国国内市场分割：测量和描述性分析　　43

第一节　地区市场分割的测量　　　　　　　　46

第二节　地区市场分割的描述性分析　　　　　48

第四章　市场一体化对政府支出的影响　　　　　53

第一节　研究设计　　　　　　　　　　　　　56

　　一、模型设定　　　　　　　　　　　　　56

　　二、内生性问题　　　　　　　　　　　　57

　　三、变量选取　　　　　　　　　　　　　58

　　四、数据来源　　　　　　　　　　　　　60

第二节　市场一体化对政府支出的实证分析　　60

　　一、政府支出规模　　　　　　　　　　　60

　　二、政府支出结构　　　　　　　　　　　61

第三节　市场一体化对政府支出的内生性分析　64

　　一、工具变量法　　　　　　　　　　　　64

　　二、动态面板　　　　　　　　　　　　　68

第四节　本章小结　　　　　　　　　　　　　69

第五章　市场一体化对企业创新的影响　　　　　71

第一节　研究设计　　　　　　　　　　　　　74

　　一、模型设定　　　　　　　　　　　　　74

　　二、变量选取　　　　　　　　　　　　　74

　　三、数据来源和描述性统计　　　　　　　76

第二节　市场一体化对企业创新影响的实证分析　77

第三节　市场一体化对企业创新影响的异质性分析　79

一、专利类别　79

二、企业类别　81

三、行业类别　84

第四节　市场一体化对企业创新影响的内生性分析　89

一、滞后一期　89

二、工具变量法　91

第五节　本章小结　93

第六章　国内市场一体化的度量：基于贸易成本的讨论　95

第一节　贸易流法　99

一、经验证据　99

二、混合结论　101

三、方法发展　101

第二节　资本流法　104

一、储蓄与投资关系　104

二、消费风险分担　107

第三节　价格法　109

一、一价定律　109

二、不同国家的经验证据　110

三、分类分析　112

第四节　讨　论　114

一、复杂的经验证据　114

二、方法学发展　116

三、边界效应的成因和影响　118

第五节　本章小结　120

参考文献　121

CHAPTER 1

第一章

绪　论

近几十年来，由全球化所带来的贸易和金融市场一体化使得世界各个国家的对外开放程度不断地加深，让各国的经济紧密地联系在了一起，使得全球成为一个巨大的贸易和金融市场。经济全球化所带来的好处是毋庸置疑的，最显而易见的一个好处是有利于生产要素和资源在全世界范围内无障碍地自由流动，显著地扩大了资源的使用范围，提升了使用效率。然而，随着国际贸易和投资限制的取消，全球化在给国内企业带来了新机遇的同时，也带来了一定的竞争压力。大量关于全球化的理论和实证文献探讨了其可能的经济结果，特别是全球化是否有利于当地经济发展（Grossman and Helpman，2015）。一些人认为全球化会带来更多的贸易和投资机会，从而推动经济增长，而另一些人则担心全球化所带来的负面影响，例如经济不稳定和不平等加剧（Zhang and Roelfsema，2014）。全球化一方面促使政府减少对生产要素的控制，降低对经济的干预程度，最终导致政府规模变小；另一方面，也会导致国内市场风险增加、消费和产出波动加剧以及贫富差距扩大，促使政府扩大规模增加消费和社会保障支出，以此来平衡开放带来的不利影响。

现阶段关于全球化对政府支出规模和结构的影响，有两个主要的争论观点。一种是"效率假说"，该观点认为，在经济一体化和贸易一体化的大环境下，政府对经济的干预会造成资源配置效率的扭曲，从而丧失比较优势和全球竞争力（Quinn，1997）。因此，政府只有缩小自身规模、减少对经济的干预，才能够享受经济开放所带来的好处。与此同时，政府间对国外资本的激烈竞争也会使政府缩减税基，从而导致公共支出水平的降低，以及支出组合向生产性公共投入转移。另外，由于整体支出规模的下降，政府也极有可能会削减社会保障支出。另一种是"补偿假说"，该观点认为全球一体化会加剧国内的产出和消费波动，增加国内企业和居民所面临的风险。同时，经济开放还会扩大国内不同行业和阶层群体的收入差距，加剧不平等。因此，政府为了保护经济开放中的利益受损者，抵抗外部风险冲击，会选择扩大政府支出规模，特别是社会保障和福利类支出（Rodrik，1998）。

可以看出，全球化对经济的宏观影响特别是政府行为受到了相当大的关注，有部分研究已经开始转向考察全球化对企业的微观影响，如企业的生产率和效率（Görg and Greenaway，2004）。同时，越来越多关于企业技术变革的相关文献讨论和评估了经济全球化对国内本土创新能力的正向溢出效应（Liu and Qiu，2016；Bloom et al.，2016；Shu and Steinwender，2018）。有人认为，中国增长奇迹的主要驱动力来自大规模投资，而事实是中国的经济增长速度近年来已经放缓。中国必须进入另一种新的增长模式，即创新应该成为经济增长的根本驱动力，而不是以投资为主要驱动力（Fu，2007）。创新对提高企业生产率至关重要，可以为经济增长注入新的活力，从而帮助各国建立长期的比较优势（Kiriyama，2012）。然而，中国本土研发能力仍然较为薄弱，大多数创新被认为是渐进式的进步，而不是颠覆式的创新。有统计表明，实用新型和外观设计专利占了中国专利授权总量的75%以上，而发明专利只占不到20%。现有文献长期以来一直强调国际贸易和外国直接投资在企业创新能力和活动中所扮演的重要角色。这是因为知识转移和溢出总是涉及面对面的互动，企业间技术扩散的可行性和效率也应该与外部市场一体化水平同步。我们发现，市场一体化总是伴随着贸易和投资壁垒的下降，创造了更多企业间互动的机会，扩大了知识溢出和转移的范围，带来知识技术跨国界的传播，同时也带来了竞争效应（Keller，2010）。

有大量文献探讨了国际市场一体化对宏观经济、政府行为以及微观企业活动的影响效应，却鲜有研究关注国内地区间市场一体化程度对于这些经济活动的影响。事实上，国内市场的整合程度也是地方政府亟须应对的另一个外部环境力量。尽管人们直觉上认为生产要素以及贸易理所当然地可以在一个国家各个地区间毫无障碍地流动，但是有强有力的证据表明，国家内部的行政边界往往起到阻碍资源自由流动的壁垒作用。有人认为，中国区域发展的特点主要包括区域内快速增长和区域间冲突（Xu et al.，2013）。然而，目前尚不清楚国内市场是整合还是分割的，其时间趋势又是如何的。有些人认为中国国内市场的分割水平很高，而其他一部分人则认为市场整合在不断地深化（Young，2000；Poncet，2003，2005；Zhou et al.，2000；Boyreau-Debray and Wei，2004；Renard and Moulin，2010）。

有不少文献测算了国内市场一体化程度，这些研究通常使用引力模型从跨地区贸易流量中来推断国家内部贸易壁垒和边界效应的大小，通过估计储蓄—投资关系或消费风险分担程度来推断地区资本流动性，通过一价定律来测算价格收敛趋势速度（Bayoumi and Rose，1993；Parsley and Wei，1996；Crucini，1999；Wolf，2000）。基于贸易流的方法使用重力模型来估计国内贸易流。如果国内市场整合良好，我们将不会看到过度的地方贸易（Wolf，2000）。基于资本流的方法可用来估计本地储蓄和投资之间的相关性或消费风险分担程度。如果资本市场完全整合，一个地区的投资不应受到该地区本地储蓄的约束，因此本地投资和储蓄不应高度相关（Bayoumi and Rose，1993）。风险分担理论预测，家庭可以分散其特有的消费风险，通过在完美的资本流动下进入各种金融市场，平滑其消费，并在不同地区集中其风险，这表明私人消费和收入之间的相关性较低（Crucini，1999）。基于价格的方法意味着，如果没有交易成本、税收和其他贸易壁垒，通过套利机制，不同市场中相同产品的价格将趋同到同一水平，即相同的商品必须以相同的价格出售，即使在不同的地点（Parsley and Wei，1996）。

然而，鲜有文献关注国内市场一体化与政府行为及企业创新活动之间的关系。与国际市场一体化的"效率假说"和"补偿假说"相似，国内市场一体化水平同样可能会通过类似的渠道影响地方政府的支出政策。这是因为，如果一个国家内部存在边界效应的话，将会影响经济活动和企业在地区间获得最高回报的能力。在国内市场完全整合的情况下，企业和资本将能自由地跨地区流动，这将迫使地方政府利用低利率或提供良好的基础建设设施来吸引它们，同时降低社会福利补贴。因此，与全球化的"效率假说"相似，一方面，国内市场一体化会导致政府规模的缩减，以及生产性支出的增加和社会福利支出的减少；另一方面，国内市场整合也可能会带来地区间资源共享水平的提升，缓解地区间重复建设的问题，减少地方政府的基建支出。值得注意的是，技术扩散不仅会发生在国家与国家之间，同时也会发生在一个国家内部（Shang et al.，2012）。绝大部分研究忽视了在一个国家内部发生的技术知识溢出效应，对国内地区一体化对创新活动的影响知之甚少。正如全球化揭示了国内地区与全球市场联系的紧密程度，国内市场一体化也衡量了一个国家内部区域间的紧密程度。因此，国内外区域市场一体化水平的差异对于技术诀窍的转让和溢出以及企业创新至关重要。然而，据我们所知，研究国内市场整合与本地创新之间的联系尚未展开。

本书致力于研究市场一体化对政府及企业行为的影响，主要是围绕以下四个方面展开的。

一是利用长时间样本，重新测算了中国国内市场分割的程度，并提供了分地区和随时间演变的趋势分析。证据显示，全国市场分割水平在1995—2019年经历了一个先放大后收窄的过程，呈逐渐收敛的态势。另外，分省份分析表明各地区的市场分割水平仍然存在比较大的差异，其中京津冀和长三角地区的地区市场分割水平基本高于全国平均水平，但是无论是京津冀还是长三角地区都有着和全国平均水平类似的时间趋势，即市场整合水平随时间日渐提升。

二是从宏观的角度实证研究了市场一体化这一外部市场环境对地方政府支出行为的影响效应。本书利用1998—2006年中国1983个县（市）的政府财政总支出和分类支出数据以及省级层面市场一体化指标，分别验证了国际和国内市场一体化的"效率假说"和"补偿假说"。研究发现，1998—2006年各省区市的国际和国内市场一体化水平都在一定程度上对地方政府总体支出规模产生约束作用，暗示了"效率假说"在中国占据主导地位。然而，当我们进一步考察市场一体化对地方政府支出结构的影响效应时，发现虽然国际市场一体化和国内市场一体化都抑制了总支出，但是这两种一体化力量对政府支出结构有着截然不同的作用。其中，国际市场一体化水平显著提升了地方政府生产性支出水平，同时也显著降低了地方政府社会福利相关支出水平，为国际市场一体化的效率效应提供了强有力的经验证据。而国内市场一体化虽然从总体上减小了地方政府支出规模，似乎也体现了国内市场一体化的效率效应，但是进一步从政府支出结构来看，国内市场一体化降低了政府生产性支出在GDP中的占比，而对社会福利支出的两种衡量方法均没有显著影响，因此并没有提供"效率假说"的证据。我们认为，国内市场一体化对地方政府支出的抑制作用更多体现在减少重复建设上。

三是从微观的角度实证研究了市场一体化对中国本土企业创新活动的影响效应。本书将第三章所测算的省级层面的国内市场分割指数进行转换，与企业微观数据库相匹配并进行实证分析。重点选取企业专利授权量作为企业创新活动产出的衡量指标，将专利授权量划分为激进创新和增量创新两大类，并区分不同所有制结构的企业和行业类型来考察市场整合对不同层次创新能力企业、不同类型企业和行业的影响。利用 2006—2019 年中国 1647 家上市公司的数据，实证 2006—2019 年各省区市的国内市场一体化水平对本土上市企业专利授权总量没有显著影响，而国外直接投资在一定程度上提升了企业专利授权总量。此外，市场整合程度对不同类型专利授权量、不同所有制结构以及不同行业类型的本土企业有着差异化影响效应。首先，从不同专利类型来看，国内市场一体化仅对发明专利授权量有一定的抑制作用，对增量专利授权量没有显著的影响。而国际市场一体化中的国外直接投资则在一定程度上对企业激进创新产出和增量创新产出均有提升作用。其次，从不同所有制结构来看，国有企业的创新产出水平基本不受国际和国内市场整合程度的影响，而国际市场一体化中的国外直接投资显著提升了民营企业的总体创新产出水平，特别是增量创新产出水平。同时，国内市场一体化对民营企业的发明专利授权量有显著的负面影响效应。最后，从不同行业类型来看，国内市场整合对劳动密集型企业的总体创新产出数量特别是激进创新产出数量有着较为明显的抑制作用。贸易开放度对资本密集型企业的总体创新产出水平尤其是增量创新产出水平有较为显著的促进作用，国外直接投资对技术密集型企业的总体专利授权量和两种不同类别的专利授权量都有着显著的提升作用。

四是从贸易成本的角度重新讨论了市场整合的测算方式。回顾和评述了通过测量国家内部边界效应的方法来验证国内市场整合或分割程度的经验文献，主要包括贸易流相关、资本流相关以及价格相关等三种主流方法。研究发现，大部分传统方法没有把距离效应产生的贸易成本从边界效应中剔除，因而大大高估了国家内部边界效应的规模。有些文献已经开始采用微观个体数据、精确的距离度量以及细颗粒度的地理区域来处理数据的空间聚集问题，较好地区分了非行政障碍（边界效应）和地理障碍（距离效应）所产生的贸易成本，因此，它们可以更准确地推断国家内部边界效应的大小，即国内市场整合的程度。

相较于以往研究，本书的创新点主要体现在以下几个方面。

首先，研究视角上的创新。本书将国际市场一体化与国内市场一体化同时纳入分析框架，这不同于以往研究更多地仅关注贸易开放与国外直接投资对政府行为以及企业创新活动的影响，在研究视角上具有一定的创新性。以往研究主要集中在从要素资源跨国的流动性的角度来考察国际市场一体化对政府行为以及企业创新活动的影响，却忽视了国家内部市场的要素资源跨地区流动性也会对政府和企业行为产生影响效应。如果仅仅从跨国资源流动的角度来分析市场一体化水平的影响，这是不够全面、不够准确的。如同结果所显示的那样，国际市场一体化和国内市场一体化水平对政府支出行为以及企业创新活动的影响效应大相径庭。

其次，测度方法上的创新。我们可以看到，尽管进行了大量研究，但现有的经验证据仍然无法就市场一体化如何影响政府规模达成共识。这主要是由于效率效应和补偿效应可能会相互抵消，从而给实证检验市场一体化影响政府支出规模的内在机制造成极大的困难。因此，我们尝试进一步考察市场一体化与政府支出结构的关系，将公共支出划分为生产性支出和社会性支出，用以准确地评估市场一体化对政府财政支出政策的具体影响机制。在市场一体化与企业创新活动的影响关系研究中，我们还将企业专利授权量划分为两大类，即激进创新产出和增量创新产出，来探讨企业不同层次创新能力所受到市场一体化的影响。

再次，丰富了市场一体化宏观和微观效应的研究。在市场一体化与政府行为的研究中，我们将省级层面的市场一体化宏观数据与县（市）级层面的政府支出规模和结构数据相匹配，研究了市场一体化对地方政府支出规模与结构的影响，验证了"效率假说"和"补偿假说"。而在市场一体化与企业创新水平的研究中，我们再一次将省级层面的市场一体化宏观数据与上市企业个体微观数据相匹配，考察了市场一体化对企业创新水平的影响，并进一步探讨了不同的创新产出类别、企业所有制类型以及行业特征。基于此，本书不仅拓宽了政府支出行为和企业创新水平的研究视角，同时也通过政府支出行为和企业创新水平证明了市场一体化特别是国内市场一体化的重要性。

本书共分为六章。第一章主要介绍了选题背景、研究意义、研究主要内容以及主要创新点。第二章梳理了与研究内容相关的重要文献，从国内市场分割的主要测度方法、成因以及影响等三个主要方面来全面回顾本书所依据的理论和研究基础。本书的实证研究主要集中在第三、第四和第五章，其中第三章重新测度了中国国内市场分割程度，并对中国国内市场分割总体和分地区水平以及时间演变趋势作出了详细的描述性分析；第四章从地区宏观角度出发，考察了市场一体化水平对政府支出政策的影响；第五章从企业微观角度出发，讨论了市场一体化水平对本土企业创新活动的影响。第六章从贸易成本的角度回顾和评价了现有市场整合的测度方法。

第二章

中国国内市场分割：文献回顾

市场分割和市场整合度量的其实是同一个事物的两个方面。市场分割和地方保护，是指工业化进程中由于地区发展不平衡、商品经济不发达、市场体系不完善所形成的经济贸易保护现象。主要体现在地方政府为了保护本地的利益和自身经济发展，凭借自己所拥有的话语权，如对资源和产品的控制权和管理经济发展的行政权等，采取某些行政管制手段来阻塞商品的正常流通渠道，妨碍经济资源和生产要素的合理配置，限制本地商品和要素流向外地市场抑或是限制外地资源进入本地市场，以此割裂与其他地区的经济联系（银温泉和才婉茹，2001）。

那么，我们不禁提出这样的疑问：中国地方市场分割的现状如何？市场分割程度的高低随着时间的推移又呈现出怎样的变化趋势？市场分割背后深层次的动因和目的是什么？市场分割对当地和整体经济发展又会有哪些方面的影响？现阶段我国地方保护与国内市场分割问题的研究主要从三个不同的角度来展开。一是中国国内市场是否存在市场分割。这些研究主要是采用不同的指标和方法来确定中国国内市场是否存在市场分割的情况，以及国内市场分割的严重程度和时间演变趋势；二是中国国内市场分割缘起与成因的研究；三是中国国内市场分割对经济发展影响的相关研究。在回顾了市场分割主要测度方法、成因以及对经济发展的影响之外，我们还特别回顾了市场整合对地方政府制定财政支出政策以及对个体企业创新活动的影响效应的相关文献。

第一节　国内市场分割的主要测度方法

中国各省份地区之间普遍存在着"以邻为壑"的"囚徒困境"式的市场分割现象。已有众多学者意识到地区间市场分割会严重制约地区间正常的贸易互通以及长期可持续的经济增长。国务院发展研究中心"中国统一市场建设"课题组（2004）和李善同等（2004）等采用问卷调查法调查了中国地区市场分割的程度，总体结论是可以认为中国地区市场分割程度在不断下降，地方保护主义的程度在不断减轻。对中国市场分割程度的测算方法主要有产出结构法、贸易流量法、价格法、经济周期法和技术效率法等五大类。

一、产出结构法

产出结构法主要利用产业结构来衡量地区间市场分割程度。如果观测到地区产业专业化程度在不断降低、地区间产业结构差异存在收敛的趋势，则可以认定市场的分割程度在不断加剧。Young（2000）认为，中国的渐进式经济改革决定了各地区将陷入市场分割的局面。在改革前扭曲的价格，特别是工业部门压低的要素价格和抬高的产出价格，暗含着潜在的"租金"。在渐进改革过程中，随着权力下放，地方政府利用当地工业企业来摄取这种"租金"的冲动，引发各地产业结构趋同，最终导致市场分割和地方保护的现象。从Young（2000）的经验研究结果可以发现，中国各省市间GDP结构和制造业的产出结构的差异存在比较明显的收敛趋势。与此同时，各省市的商品零售价格、农产品收购价格以及劳动生产率差异有着随时间扩大的趋势，中国国内市场分割程度正不断增加，地区的比较优势没有得到有效发挥，最终造成了市场扭曲的不正常现象。随后，Park and Du（2003）重新审视了Young的研究，对中国地区产业专业化程度进行了重新估算，却得出了截然相反的结论，即中国地区产业专业化水平实际上在不断升高。白重恩等（2004）利用1986—1997年的数据，考察了中国各地区制造业的产业集中度的变化趋势，发现各行业的

Hoover地方化系数呈逐年升高的态势，同样也推翻了Young（2000）之前的结论。并且，他们还检验了利税率和国有企业比重等因素对市场分割和地区产业集聚的影响，发现在利税率较高和国有企业比重大的产业，地区市场分割程度越高，地方保护更为严重，同时产业的地区集中度也往往较低。胡向婷和张璐（2005）同样也考察了地方政府保护主义对产业结构的扭曲作用。理论和实证分析表明，政府设置的贸易壁垒会增加地区间的贸易成本，促使地区间产业结构趋同，而政府的投资行为则促进了地区间产业结构的差异化。

二、贸易流量法

贸易流量法认为，贸易流量和贸易结构的数据与先前的经济结构相比，更为直接地反映了各地区的市场分割程度。如果各地区间贸易流量和贸易比重有所增长，则可以认为市场一体化有增强的趋势。Naughton（2003）通过比较1987年和1992年中国25个省市产业内和产业之间的省际工业品的贸易流量，发现两者的省际贸易流量呈显著增长的态势，并且制造业内部行业间的贸易占据了主导地位，因此他得出结论：中国国内市场分割呈下降趋势。Poncet（2003a）进一步拓展了Naughton的工作，她添加了1997年的数据来分析中国国内贸易壁垒的演变进程。研究结果表明，1987年到1997年，尽管国内市场的贸易流量在不断上升，但是升幅远远落后于国外进口的增长。从各省贸易流量的构成来看，省际贸易比重的下降被省内商品和国际商品比重的上升补偿。国际经济一体化趋势与各省自给自足倾向的合力将国内市场推向了"非一体化"。黄赜琳和王敬云（2006）利用投入产出表对中国八大区域分行业进行边界效应测算，发现在八个行业部门中农业保护最为严重，其次是商业运输业，紧接着是轻工业、采选业、重工业等，这表明国内市场一体化还很不完善。然而，贸易流量法也有缺陷。首先，影响贸易流量大小的因素有很多，除了两地间市场整合度的变化以外，要素禀赋、规模经济等的变化也会导致贸易流量改变（Engel and Rogers，2001；Xu and Fan，2012）。其次，贸易流量极易受到商品替代弹性的影响。若两地之间的商品具有高度的替代弹性，则微小的价格调整也会带来贸易流量的大幅变动（Parsley and Wei，2001）。

三、价格法

价格法把商品价格作为衡量市场分割程度的指标。价格法的基本思想是，当生产要素或者商品能够在各地区间自由流动时，各地区的产品价格最终会呈现趋同的态势。因此，各地区的产品价格差异越小，意味着市场分割程度越低。早期采用价格法的文献主要基于特定市场的产品价格协整程度来推断市场整合程度。喻闻和黄季焜（1998）、李杰和孙群燕（2004）分别得出大米市场、啤酒市场等的市场分割情况较为普遍。朱恒鹏（2004）也对地区和全国物价指数的差异进行分析，结果表明，中国地区间市场一体化水平虽然有波动，但总体水平基本没有变化。桂琦寒等（2006）利用 1985—2001 年中国各省的商品零售价格指数，把相对价格的方差作为市场一体化程度的动态指标，对各个地理相邻省份之间的市场分割程度进行了测算，结果表明，中国国内市场分割程度总体呈现下降趋势。基于他们的研究，赵奇伟和熊性美（2009）把研究对象从商品市场拓展到消费品市场、资本品市场和劳动力市场。利用 1995—2006 年中国 28 个省份的居民消费价格分类指数、固定资产投资价格指数和职工平均实际工资指数，分别测算了消费品市场、资本品市场和劳动力市场的市场分割指数，发现中国各地区这三类市场的分割程度都呈现出稳定的收敛趋势和逐渐下降的趋势，得出了市场一体化程度日益加深的结论。东部、中部和西部地区之间的市场分割程度并没有出现非常显著的差异。但是，这三类市场之间的市场分割程度存在比较显著的差异，其中劳动力市场分割程度最为严重，并且各省份之间的市场分割程度也存在比较大的差异。

四、经济周期法和技术效率法

部分文献采用了其他的一些方法来测度国内市场分割程度，比如经济周期法和技术效率法等。经济周期法是根据各地区的经济周期相关度来考察中国市场的一体化程度，各地区的经济周期相关程度高，则可以推断出市场一体化的程度就深。Xu（2008）利用误差构成模型，把每个省份的部门实际经济增长波动分解为国家宏观影响、本省对该部门的影响以及部门自身生产率的影响。基于 1991—1998 年 29 个省份的数据，Xu 发现，虽然从长期来看部门自身特征成为产出增长波动的主要因素，但是从短期来看，省份特征的影响占据了实际产出增长的主导地位。这解释了 35% 的省际真实产出的变动。这一发现意味着中国地区间的市场分割仍然存在，但是随着时间推移会逐步降低。另外，技术效率法是运用数据包络法从潜在的产出损失中分解出市场分割所造成的损失，这一部分损失越大，市场分割就越严重。郑毓盛和李崇高（2003）将 1978—2000 年中国各省市的整体技术效率分解为省内技术效率、产出结构效率以及省际要素配置效率等 3 个指标。数据包络分析的研究结果表明，国内市场分割会导致产出结构的不合理以及省际要素配置效率的下降，而省内技术效率的改善无法弥补由产业结构扭曲和省际要素配置失调所带来的效率损失。此外，市场分割导致的这两种效率损失的总体趋势基本是逐年上升的，到 2000 年，损失高达 20%。

以上研究虽然得出的结论不尽相同，一部分研究认为中国存在非常严重的地区市场分割问题，如 Young（2000）、郑毓盛和李崇高（2003）等，另一部分研究却认为中国市场分割的问题并不十分严重，如 Naughton（2003）、Bai et al.（2004）等。此外，以往的研究在市场分割的趋势演变上也并没有定论，一些研究认为中国的市场分割日趋严重，另一些则持相反的观点。但是总的来说，这些研究基本上都肯定了省份之间的"边界效应"的存在，即中国国内市场是不统一的。

第二节　国内市场分割的成因

中国在经济改革和区域经济发展的过程中，中央政府向下级政府的财政和行政分权给予了地方政府发展辖区内经济的激励，地方政府在经济和制度转轨和发展的过程中扮演了"援助之手"的角色。然而，财政分权在带来经济飞速发展的同时，也不可避免地带来了一些负面作用，导致地方政府之间缺乏合作与协调的激烈竞争，形成地方保护主义和市场分割现象（陆铭等，2004）。在对中国国内市场分割缘起与动因的分析中，一部分文献主要从财政激励的角度来解释国内市场分割的现象，一部分文献是从贸易分工激励的角度来分析市场分割的成因的，还有一部分文献则是从地方官员政治晋升激励的角度来分析地方政府采取市场分割政策的动机。

一、财政激励

从财政激励角度出发来分析市场分割成因的文献主要有沈立人和戴园晨（1990）、Young（2000）、银温泉和才婉茹（2001）、Bai et al.（2004，2008）以及林毅夫和刘培林（2004）等。这类文献主要的观点是，地方保护和市场分割是地方政府财政激励的结果，在财政激励下，地方政府为了保护自身的经济利益和经济发展，不惜"以邻为壑"，割裂与其他地区的经济联系。沈立人和戴园晨（1990）认为，中国的财政改革在从中央政府高度集权慢慢转向地方政府分权的转轨过程中，形成了"诸侯经济"的现象，在扭曲市场和扭曲价格双重条件下，地方政府为了保护自身的利益使用行政权力，最终导致区域市场割据和产业结构趋同的现象。银温泉和才婉茹（2001）支持了前者的看法，他们也认为地方市场分割是我国从集权计划经济体制走向社会主义市场经济体制的产物，是地方政府追求本地利益所带来的。以财政包干制和地方所有制为主要特征的行政分权制度是造成市场分割的深层次体制原因，而传统体制遗留的工业布局和地方领导的业绩评价等因素，也在极大程度上强化了地方市场分割的程度。与沈立人和戴园晨（1990）以及银温泉和才婉茹（2001）观点类似，Young（2000）也同样认为财政包干制度下的经济改革决定了各地区将陷入市场分割的局面。中国特殊的发展模式促使地方政府有激励控制本地资源流向，市场资源配置功能受到极大的限制，最终导致市场分割和地方保护的现象。Bai et al.（2004，2008）也认为中国的经济改革给予了地方政府发展地方经济和保护地方产业免受地区外市场竞争的强烈动机。

除此之外，林毅夫和刘培林（2004）还进一步认识到了地方保护和市场分割的历史逻辑，提出了另一种新的观点来解释国内市场分割的存在。他们认为，财政分权虽然和地方保护、市场分割有一定的关系，但是对于其他那些同样下放一定财政决策权力给地方政府的国家来说，它们的市场分割和地方保护程度并没有像中国这样严重。因此，"财政激励假说"无法很好地完全阐释地方政府选择市场分割的动机。林毅夫和刘培林（2004）认为，改革开放以来的地方保护和市场分割很大程度上是由重工业优先发展的赶超战略所造成的。我国赶超式的发展战略使得我国在不考虑要素禀赋结构的情况下，优先发展超越自身禀赋结构所决定的具有比较优势的资本密集型产业，选择超越自身要素禀赋结构所决定的合适的资本密集型技术，实际上违背了比较优势的发展道路。这导致企业缺乏自身生存能力，亟须政府的扶持和保护，也导致地方政府的地方保护和市场分割行为。

由此可见，地方政府对自身辖区内财政税基的追逐可以作为地区市场分割的有力解释。中国改革开放以来，行政和财政分权改革为地方政府发展当地经济提供了强大的激励（Qian and Weingast，1997；Qian and Roland，1998；Jin et al.，2005），但同时，这又引发了地区间为财税而展开激烈的竞争，有时候甚至是恶性竞争，例如，地方政府通过国有资本对当地经济实行控制，限制市场内的自由进入和退出，以及对原材料、产品、劳动力和资本的跨区域流动设置壁垒。由此可以看出，地方政府限制本地资源外流和外地产品流入、保护本地产业、采取市场分割策略是一种理性的行为，很大程度上是出于保证当地财政和税收收入的考虑（范子英、张军，2010）。

已经有众多研究从财政激励的角度为市场分割的现象提供了强有力的实证。刘小勇和李真（2008）利用 1986—2005 年中国 28 个省份的省级面板数据检验了财政和经济分权对地区市场分割的影响。他们发现，财政分权，尤其是收入分权加剧了市场分割，而经济分权则减轻了市场分割。还有部分文献从地方政府以国有资产控制方式来保护本地经济的角度来研究地方保护主义政策的现状。这些研究普遍认为，地方政府对本地经济产业的保护主要侧重于保护那些国有资本控制的产业，以及那些高利润—税收边际的产业，因为这些产业能够直接对当地的税基做出贡献和带来丰厚的利税收入（Bai et al.，2004；白重恩等，2004；平新乔，2004；胡向婷、张璐，2005；路江涌、陶志刚，2007；刘瑞明，2012）。Bai et al.（2004）用地区专业化的演进趋势来推断中国地区市场分割的程度，即地区专业化程度越低，意味着地区市场整合程度越低。同时，结果还进一步表明，高利润—税收边际与当地的专业化程度存在负相关关系。白重恩等（2004）肯定了这一结论，发现在较高利税率和国有企业占比较高的行业里，区域专业化的程度较低，这间接暗示了地方政府对这些高利润—税收边际和高国企占比的产业采取了地方保护政策。路江涌和陶志刚（2007）采用了比白重恩等（2004）更加细化的指标来衡量地方保护主义，包括国企产值比例和地方税收贡献率，发现两者都会对地区专业化水平产生负面的影响。平新乔（2004）的经验研究表明，当一个产业的劳动或者边际产值越高时，地方政府越有动力通过国有资本控股的形式来对这个产业实施控制。并且，政府通过国有资产对资本、劳动力和商品市场的控制程度越高，外资和私人资本的进入程度就越低，资本配置的平均效率也越低。随后，刘瑞明（2012）检验了1995—2006年国有企业比重对中国国内市场分割的影响，结果显示，国有企业比重越高的地区市场分割程度越高，市场分割起到了对国有企业进行隐性补贴的作用。

二、分工激励

从贸易分工激励的角度出发来解释市场分割的文献主要有王小龙和李斌（2002）、陆铭等（2004，2007）等。这些文献的观点是，地方保护和市场分割主要是地方政府在比较自身当期和未来期所得利益后，进行策略性分工的结果。王小龙和李斌（2002）运用新兴古典经济理论从分工演进和经济发展的角度对地方保护进行了系统的理论分析。结果发现，从短期利益来说，贸易保护是落后地区和发达地区之间博弈的结果。从长远发展来说，落后地区选择取消地方保护行为是最优的选择。陆铭等（2004）发现中国的市场化改革改变了地区间分配分工收益的方式，较发达地区在高技术行业拥有比较优势，所以相较于落后地区，较发达地区在贸易收益分配的谈判中通常占据比较大的份额。因此，如果落后地区此时战略性地选择暂时不加入分工体系来实行市场分割，虽然它会失去当期分工收益，但是同时也会提高自己在未来分工收益的谈判中的地位，甚至可能实现对发达地区的赶超。陆铭等（2007）进一步建立了一个策略性分工的模型，包含了导致不分工的议价效应和比较优势逆转效应，用于解释区域分工与国内市场分割的低效率是如何产生的。模型表明，在议价效应的作用下，低技能者（落后地区）可以通过不分工而实现在高技能部门（较发达地区）的人力资本积累，从而提高自己在未来分工收益分成中的威胁点。特别是当低技能者（落后地区）在未来产品分配议价中的额外所得超过了其当期不分工的损失时，低技能者（落后地区）有可能会选择不分工（市场分割）。

有部分文献为地区市场分割的"贸易分工激励假说"提供了实证（范子英、张军，2010）。范子英和张军（2010）认为，中央政府可以通过财政转移支付来降低落后地区进行市场分割的激励，让先进地区可以获得市场范围扩大所带来的规模效应，落后地区也可以较为容易地融入国内整个分工体系，最终获得先进地区和落后地区双赢的局面。笔者从实证的角度检验了该理论的正确性，即考察了中央政府的转移支付是否真正调节了地方政府的行为和提升了国内市场的整合程度，结果发现，中央政府的转移支付的确能够增加国内市场整合程度，其中专项转移支付的促进作用最为显著，而财力性转移支付和税收返还的作用并不明显。

三、晋升激励

从地方官员政治晋升激励角度出发来解释国内市场分割现状的主要文献有周黎安（2004，2007）、何智美和王敬云（2007）以及皮建才（2008）等。区别于"中国特色的联邦主义理论假说"（Blanchard and Shleifer，2001；Maskin et al.，2000；Whiting，2001），晋升激励视角的主要观点是，地方保护和市场分割是地方官员政治晋升激励的结果，在"政治锦标赛"下地方官员没有进行经济合作的激励。

周黎安（2004）重新从官员晋升激励的角度解释了市场分割产生以及地方官员合作困难的根源。他提出地方官员无法进行经济合作，并不仅仅是因为地方政府面临的财税激励，而更重要的是由地方官员间的政治晋升博弈所导致的。虽然辖区内的财政收入无疑是地方政府发展当地经济的重要动力，然而处于行政金字塔中的地方官员更加关心的是自己在官场中升迁的机遇。因此，地方官员为了自身政治晋升而展开的政绩考核竞争既带来了地方官员的"非合作"倾向，也同时带来了地方保护主义和重复建设的问题。周黎安（2007）认为，中国地方官员之间围绕GDP增长而进行的"晋升锦标赛"模式给予了地方官员发展当地经济的强力政治激励。周黎安系统讨论了"晋升锦标赛"有效实施的前提和条件、"晋升锦标赛"如何解决地方官员的激励问题以及"晋升锦标赛"的潜在成本。Li and Zhou（2005）、Zhou et al.（2005）等人的研究为地方官员"晋升激励假说"提供了大量的经验证据，他们证实了地方官员升迁概率与地方GDP增长率存在正相关关系。

皮建才（2008）认为，无论是地方官员的财政激励还是晋升激励，都可以统一在地方政府间竞争这一个大的制度框架和背景下来分析市场分割的成因。市场分割和市场整合两种现象应是同时存在的，只是在不同的约束条件下会产生不同的组合结果。笔者认为，地区间的市场整合程度是由发达地区利用市场整合时所带来的成本和收益来权衡决定的，而中央政府对地方官员的考核机制则会对这种权衡产生重要的影响，进而对地方官员选择市场分割或市场整合的决策产生很大的影响。

第三节　国内市场分割的影响

改革开放之后，中国经济实现了飞速增长，但同时也伴随着较为明显的地方保护和市场分割的现象，由此涌现出了一大批考察市场分割、地方保护与地方经济发展之间关系的研究成果。银温泉和才婉茹（2001）认为，市场分割不利于地区实现规模经济，不利于实现资源最优配置，不利于提升企业的市场竞争意识和能力。因此，地方保护和市场分割问题亟待解决，这将对提高经济资源配置效率、挖掘生产率增长潜力、缩小地区和城乡差距起到重要的推进作用。

一、宏观影响

有文献考察了市场分割对经济增长的影响。大部分学者认为市场分割是不利于地方经济发展的。Poncet（2003a）认为市场分割显著地阻碍了地方经济增长。他的基本结论是：在对外开放条件下，市场分割通过阻碍市场规模的扩大，使得市场交易成本无法降低，从而影响技术进步效率的提高，造成了中国市场上外资企业竞争力强、本土企业竞争力弱的局面，从而不利于本土产业升级和经济增长。还有一部分学者提出，市场分割对经济增长的促进或阻碍作用，对于不同市场分割程度的地区的作用和时间效应都是不同的。如陆铭和陈钊（2009）发现市场分割与即期和未来的经济增长存在着倒"U"形的关系。也就是说，在市场分割程度不太高的时候，适当提高分割程度有助于当地经济的发展，但是当市场分割程度超过某一临界值时，市场分割就会反过来阻碍地方的经济增长。对于超过96%的观察点来说，分割市场是有利于本地的经济增长的。他们还发现，当某一省份经济开放程度更高时，市场分割对经济的促进作用更为强劲，即国内市场和国际市场之间存在替代关系。

还有部分学者对市场分割对各省份全要素生产率的影响进行了检验（付强、乔岳，2011；毛其淋、盛斌，2011；郭勇，2013）。付强和乔岳（2011）将地方保护和市场分割作为内生变量，建立了一个两阶段的博弈模型，发现市场分割虽然通过阻碍全要素生产率进而阻碍了即期经济增长，长期内却在一定条件下对未来的地方经济的增长具有促进作用。这一发现为陆铭和陈钊（2009）发现的市场分割与经济增长之间的倒"U"形关系提供了理论支持。随后，他们又利用1978—2006年中国28个省份数据对其理论模型进行检验，发现即期情况下市场分割对省内全要素生产率进步存在显著的阻碍作用，从而阻碍了即期的经济增长。然而滞后期内市场分割对省内全要素生产率的影响并不显著，即滞后期的市场分割并不会通过阻碍未来期的全要素生产率进步来阻碍未来期的经济增长，为滞后期的市场分割与经济增长之间的倒"U"形关系提供了经验支持。毛其淋和盛斌（2011）则进一步将对外开放、国内市场整合与省际全要素生产率纳入一个统一的分析框架进行研究，发现对外经济开放与区域市场整合对省际全要素生产率的变化都产生了显著的正向效应，而且两者之间存在替代效应，从反面支持了付强和乔岳（2011）的结论。郭勇（2013）基于1985—2010年省级面板数据，发现市场分割对工业全要素生产率的影响具有显著的区域差异，不同地区市场分割对工业全要素生产率的影响差异较大。然而十分遗憾的是，上述宏观层面的探讨无法很好地反映市场分割对于本地企业生产率的直接影响。

还有一部分文献分析了市场分割对出口的影响（朱希伟等，2005；陈媛媛，2012；宋渊详、单蒙蒙，2013）。一些学者认为，中国各地区普遍存在的市场分割和地方保护政策严重制约了国内市场和规模经济，阻碍了出口。这些研究利用省级区域数据对国内市场分割对出口的影响做了实证检验，发现省际市场分割与本省出口规模呈负相关。宋渊详和单蒙蒙（2013）证明了市场分割严重阻碍了本土出口增长，即市场分割越严重，企业越缺乏出口竞争力。笔者还进一步探讨了市场分割的作用机理，结果发现，市场分割通过影响企业经营效率影响地区出口规模。另一些研究却发现，国际市场与国内市场存在替代效应，市场分割的存在实际上激励了中国企业的出口行为（朱希伟等，2005）。朱希伟、金祥荣和罗德明（2005）将企业进入成本作为国内市场分割的衡量指标，并将国内市场分割和边际成本与固定成本之间的反向关系两个因素引入Melizt（2003）的框架，从企业出口市场选择的角度分析了市场分割与企业出口贸易扩张的行为。他们的理论分析证实了国内市场分割会导致不同行业的国内企业放弃国内市场转而选择进入国外市场，从而形成以出口为基础的开放经济分离均衡。这一发现很大程度上解释了近年来中国出口贸易迅速扩张实际上是国内市场分割导致企业无法利用国内市场以实现规模经济效应，从而被迫出口的扭曲现象。陈媛媛（2012）则检验了Krugman母市场效应的两种假说，认为当企业面对的国内市场容量比较小时，企业会尝试通过国际市场来实现规模经济和成本优势，形成替代效应；而当国内市场容量比较大时，企业可以在国内实现规模经济和成本优势，而通过国际市场去获取更多的利润，此时形成了补充效应。笔者引入了市场潜能和市场分割这两个指标来解释出口的母市场效应，结果发现市场潜能和市场分割对出口的影响不是线性的，而是一种"U"形的非线性关系。

在中国国内市场分割对地方经济影响的研究中，其他的一部分文献考察了国内市场分割对产业结构、技术效率等的影响。刘培林（2005）沿用并且改进了郑毓盛和李崇高（2003）分析地方市场分割所带来的效率损失的研究方法，以21个制造业部门为对象，重新构建了中国30个省份的产出结构配置效率来衡量国内市场分割的程度。结果发现，如果能消除国内市场分割对产出结构和要素配置结构带来的扭曲，可以在不增加要素投入的情况下，提高制造业部门的增加值约 5 个百分点。Bai et al.（2004）基于中国 1985—1997 年省级层面数据的研究，发现相对于规模经济与外部经济，地方保护对地区专业化程度的影响更为显著，地方保护导致的市场分割不利于区域专业化程度的提高。

二、微观影响

现有的有关地方保护和市场分割对中国经济产生的影响的文献，多数是从宏观的角度来考察其对经济发展、全要素生产率、产业结构、技术效率、企业出口附加值等的影响，一直缺乏来自企业微观层面的深入分析。仅有小部分文献开始将地区市场整合程度与微观企业数据进行匹配，研究市场分割对微观组织行为和绩效的影响。

徐保昌和谢建国（2016）采用 1999—2007 年中国制造业企业的微观数据，发现市场分割与本地企业生产率呈倒"U"形关系，即较低强度的市场分割促进了本地企业生产率的提升，而超过一定强度的市场分割阻碍了本地企业生产率的提升。这进一步证实了陆铭和陈钊（2009）得出的宏观结论。吕越、盛斌和吕云龙（2018）采用 2000—2013 年中国海关贸易数据库和中国工业企业数据库的整合数据，从微观企业层面实证检验了市场分割对企业出口国内附加值率的影响。研究发现，市场分割损害了企业创造贸易附加值的能力，并且市场分割是通过促进中间品进口、抑制企业创新和提高加工贸易占比三个渠道来降低企业出口的国内附加值率的。

有文献进一步利用企业层面的微观数据实证检验了市场分割对中国本土企业的出口行为的影响（张杰等，2010；赵玉奇、柯善咨，2016）。张杰等（2010）利用企业数据实证检验了市场分割对中国本土企业的出口行为的影响，同时考察了这种激励效应在外资企业和本土企业之间，以及在拥有不同生产效率、资本密集度和创新能力的企业之间是否存在差异。基于 1998—2003 年 30 个二分位的制造业企业的微观数据，笔者发现，市场分割确实激励了本土企业的出口，相反，外资企业出口并不受影响，因此得出市场分割制约了本土企业在本土市场的发展的结论。赵玉奇和柯善咨（2016）研究了国内市场分割对国内外市场生产率准入门槛可能产生的影响。国内市场分割对企业出口产生了显著的扭曲激励，随着企业生产率的提高，市场分割对其出口的扭曲激励减小。市场分割越严重,效率越低的企业越有可能会转向国际市场。市场分割降低了国内市场潜力对出口能力的培育。

刘凤委、于旭辉和李琳(2007)从企业绩效的角度考察了市场分割的负面影响。他们认为,尽管各地区的市场分割名义上保护了本地区企业的利益,使得其能够获得地方保护所带来的销售垄断,但这更多体现在产品市场中的收益。然而地方保护主义政策同时还形成了要素市场分割,阻断了要素自由流动,使得本地企业反而承担了较高的生产要素成本。因此,地方保护主义政策和由此带来的市场分割实际上很可能损害了而非保护了本地区企业的利益。以1999—2003年A股上市公司为样本,笔者发现,地方保护虽然有助于公司增加销售收入,但同时也增加了企业额外的负担,地方保护程度与企业主营收入和成本呈正相关。在检验其净效应时,笔者进一步发现,地方保护程度越深,该地区企业的劳动工资率就越高,冗员越多,企业的生产成本也就越高,最终导致企业经济绩效越来越差,市场价值越来越低。

还有部分文献考察了市场分割对企业异地子公司分布及效果的影响(宋渊洋和黄礼伟,2014;曹春方等,2015,2018)。宋渊洋和黄礼伟(2014)发现,市场分割严重限制了证券企业异地营业部方式的跨地区经营活动。曹春方等(2015)分析了市场分割对不同产权性质企业异地子公司分布及效果的影响,来判断市场分割背后是"政府之手"("中性政府""支持之手""掠夺之手")中哪一类发挥主导作用。研究结果发现,市场分割导致国企比民企拥有更少的异地子公司分布,并且市场分割对地方国企更多表现为"掠夺之手",即更高程度的市场分割导致地方国企进行了更多的过度投资,公司价值也被降低得更多。然而,曹春方、张婷婷和刘秀梅(2018)则提供了市场分割长期存在的微观解释,实证研究了市场分割对国企竞争地位的提升,以及相关贷款和市场保护上的支持效应。研究结果表明,市场分割对地方国企表现出"支持之手",提升了国企的产品市场竞争地位,尤其是本地化国企获得了更多的长期贷款、支付了更低的销售费用,这种促进作用随着其异地子公司比例的增加而减弱,且这种作用不存在于民企中。

第四节　市场整合与政府支出

相当多的文献关注了国际市场开放对一个国家或地区政府规模的影响，并且已有研究主要持两种不同的观点（Rodrik，1998；Alesina and Wacziarg，1998；Gemmell et al.，2008；杨灿明和孙群力，2008；高凌云和毛日昇，2011；梅冬州和龚六堂，2012；毛捷等，2015）。一种观点认为，经济开放和对外国资本的激烈竞争会导致政府的税基缩减，进而影响政府提供公共服务的能力以及造成公共部门规模的缩小。具体来说，首先，经济开放通常伴随着关税、配额等贸易壁垒的下降或消除，这在极大程度上影响了政府的关税收入。其次，劳动力和资本等生产要素在市场间可以更加自由地流动，又进一步加剧了国家间的税收竞争，负面影响了政府的税收规模（Rodrik，1998）。这种观点认为，经济开放很大程度上制约了政府对当地经济的干预程度，政府干预被认为是低效率的，所以被称为"效率效应"（efficiency effect）。另一种观点强调的是全球化也会对国内市场造成负面冲击，特别是经济开放同时伴随着更多的外部风险，导致国内经济更为频繁地震荡波动，加剧了居民的不安全感和社会不平等，如收入差距的持续扩大等。这些自由贸易的受益者与受损者之间的矛盾很有可能会导致社会潜在的分裂，因此，政府需要在经济中扮演稳定国内市场的"社会安全网"角色。全球化需要公共部门资助社会福利性补偿计划，建立社会保障体系，对受到贸易冲击的受损者开展收入再分配的政策措施，为居民提升福利。这个观点认为，经济开放会加强政府补偿社会的职能，因此被称为"补偿效应"（compensation effect）。

一、国际市场整合与政府支出

1.效率假说

所谓的"效率假说"主要关注了政治市场的供给侧以及维持一个"大政府"的经济成本（Gemmell et al.，2008）。传统观点认为，国家贸易风险程度与政府部门规模之间存在负相关关系。这可以解释为自由市场总是倾向于很少或没有政府干预。此外，政府干预在开放经济体中也往往被认为是低效率的（Rodrik，1998）。由此可以发现，在全球化的压力下，所有国家都将自发采取自由市场的贸易政策，来提高本国的效率和竞争力。

"效率假说"认为经济全球化将会限制政府的税收收入，负面影响政府的税收规模，进而导致公共部门规模的下降。全球经济一体化使得各国高度依赖外部市场环境，同时也让它们与其他国家的互动变得更加密切和频繁，这将迫使各国政府失去对其国内财政政策的一些垄断自主权（Bretschger and Hettich，2002）。全球化对政府财政政策的制约作用主要是由国际市场的激烈竞争以及资本持有人转移生产要素的能力所导致的。国际资本流动限制的日益减少使投资者能够自由地选择在某个市场上追求最高的回报率（Rudra，2008）。因此，政府将会降低税收水平，特别是资本税水平，来和其他国家竞争吸引国外投资，以防止资本外逃（Quinn，1997）。各国间的资本税竞争最终将侵蚀税基，因此，政府提供公共服务的能力也将受到负面的影响（Gemmell et al.，2008）。

此外，"效率假说"认为经济全球化不仅会负面影响政府支出的规模，还会对支出结构产生影响。具体来说，经济全球化将会导致政府支出组合向私人生产性公共投入转移。又因为支出规模的整体下降，经济全球化将会同时导致政府福利支出的缩减。首先，一些学者认为，为了吸引更多的外国投资和流动资本，政府将会大幅度增加在基础设施、教育等私人领域方面的生产性公共投入（Tanzi，2002）。同时，政府也会有动力提升在人力资本方面的投入。因为提高居民的劳动技能水平将会提高社会的整体生产率，最终达到提高经济竞争力的目的，这将会对吸引国外投资有直接的好处。此外，"竞逐到底假说"的支持者认为，国家间贸易的增加和资本市场的紧密结合将不可避免地导致政府福利支出的缩减，无论是在福利计划的规模还是覆盖范围等方面（Dreher et al.，2008b）。政府福利支出的缩减主要有两个原因：首先，社会政策不被视为有效的市场约束手段（Rudra，2008）。一部分人认为，收入转移计划的实施将会扭曲劳动力市场（Garrett and Mitchell，2001）。此外，最低工资等方面的社会福利将会提高生产和劳动力成本，并对工作激励产生负面影响，往往会降低处于进口竞争中的出口产品和国内产品的竞争力。另外，在经济全球化的压力下，政府受到竞争压力下收入再分配能力的限制，因此，很难通过税收产生收入来维持社会原有的福利政策水平（Avelino et al.，2005）。其次，政府的资金必须在短期内通过借贷筹集，最终通过累进税制筹集。政府借贷和财政支出都将导致更高的债务和利率。因此，私人投资往往会被挤出，实际汇率的价值也可能增加（Kaufman and Segura-Ubiergo，2001）。最终，这将侵蚀资产持有人的利润，破坏大规模商业投资。

有人认为，发展中国家更可能受到全球化的竞争压力，例如中国，因为它们往往对投资和资本的需求更为强烈。因此，与发达国家相比较，发展中国家似乎有更多的动机来削减其税收水平和减少社会支出，例如，通过削减劳动力工资和福利来满足外国资本的利益。

2.补偿假说

经济全球化不仅为国家和地区带来了更多的贸易和投资，同时也带来了更多的外部风险。Hiscox and Kastner（2004）认为，更深入参与国际贸易和资本市场的那些国家会变得更加专业化，而不是多样化。因此，这些国家更容易受到国际市场波动的影响。例如，更为频繁的外部冲击往往会增加国内收入和消费波动。此外，尽管从长远来看，全球化总是被认为能够有效地分配资源并使得社会各阶层都能受益。然而 Garrett（1998）提出，全球化可能会在短期内加剧社会混乱和动荡。此外，全球化还可能会提升国内劳动力市场的波动性，特别是加剧工资不平等的问题（Rodrik，1997）。因此，高度的贸易风险敞口很有可能会带来政治不稳定和对市场经济政策的抵制。

与"效率假说"恰好相反的是，"补偿假说"的支持者认为经济全球化将会导致政府支出规模的扩大，特别是政府社会福利性质支出的增加。一方面，扩大的公共部门在开放经济中可以起到隔离的作用，因为政府部门相对于其他组织被认为是更加安全的（Rodrik，1998）。政府可以通过购买更大份额的商品和服务来缓解经济全球化所带来的外部风险，以保护本国或本地区居民和企业免受国际波动的影响。因此，公共支出可以被视为受外部冲击的经济体的一种降低风险的工具。另一方面，政府还可以通过提供各种社会福利政策和手段来稳定经济全球化产生的负面影响，特别是在经济不平等方面（Adserá and Boix，2002）。此外，政府还可以向在经济和社会改革进程中落后的一些社会部门或地理区域提供更多的社会福利方案。

此外,"补偿假说"的支持者认为,"效率假说"忽视了居民对公共服务的需求。有人认为,政府会经常性面临选民的压力,要求提供一些社会补偿计划,以减轻全球化带来的外部风险。因此,为了获得居民的政治支持,政府将会增加社会福利支出,以保护居民免受市场动荡和混乱的影响(Gemmell et al., 2008)。此外,正如Cameron(1978)所指出的,更开放的经济体通常涉及更高程度的产业集中度,这有助于促进更高程度的工会化、更广泛的集体谈判范围和更强大的劳工联盟。这将导致政府大幅增加劳动人民的收入补助,进而扩大支出规模,特别是社会福利性支出规模。

然而,发展中国家的情况可能并非如此,那里的社会福利呼声往往因分散和薄弱的劳动力市场机构而削弱。它们将降低这些国家的劳动力讨价还价能力,减少他们对削减社会福利的抵制。发展中国家有很大比例的低技能劳动力,这很容易诱发"搭便车"行为,也使他们难以与一个声音进行谈判(Rudra, 2008)。此外,受教育水平较低的劳动力似乎不如外国投资者和资产持有人具有积极性,因为他们往往对自己的居住地有更多选择。此外,发展中国家的低技能劳动力也有大量过剩,这使得他们更关心自己的就业,因此,保护社会福利的动机更小。

3. 实证研究

尽管已经有大量的文献考察了经济全球化与政府支出之间的关系,但是并没有得出统一的结论,即无法确定"效率假说"和"补偿假说"哪个占据主导地位。背后的原因可能是全球化对政府支出的效率效应和补偿效应有时候会相互抵消。此外,实证结果还受到对国家和时期样本、研究方法以及全球化度量等不同选择的影响。大多数有关全球化对政府支出规模的研究主要从经济一体化的视角展开,如贸易和金融市场一体化。

已有文献主要从国际贸易的角度出发来研究经济全球化对公共部门的影响效应。贸易开放衡量了经济体与世界其他地区实际互动的程度。一些研究发现了强有力的证据,表明贸易开放往往会给公共部门的规模带来下行的压力(Cusack, 1997; Figlio and Blonigen, 2000; Garrett and Mitchell, 2001),而一些人却发现,贸易开放度与政府总支出之间存在显著的正相关关系(Cameron,

1978；Huber et al.，1993；Garrett，2001；Rodrik，1998；Bernauer and Achini，2000；Adserá and Boix；2002；Garen and Trask，2005），另有一部分人称没有证据支持全球化对公共支出有显著的影响（Kittel and Winner，2005；Benarroch and Pandey，2008）。

Cameron（1978）最早检验了对外贸易开放与政府规模之间的关系。他以经济合作与发展组织（简称"经合组织"）中 18 个成员国 1960 年的进出口总额占 GDP 份额为解释变量，以 1960—1975 年的政府收入占 GDP 的平均份额为被解释变量，发现经济体的开放度可以被视为政府收入增长的最佳单一预测指标，并揭示了贸易开放度与公共部门规模之间的显著正相关关系。他认为，可能是全球化要求政府增加更多安全、退休金以及失业保险等方面的支出来减轻经济开放所带来的外部风险，导致政府规模扩大，支持"补偿假说"。

Alesina and Wacziarg（1998）提出，由于规模经济和公共物品供应成本是固定的，经济体量较小的国家往往在公共部门中占据更大的份额。此外，由于缺乏足够的资源和劳动分工受到限制，这些经济体量较小的国家往往拥有更加开放的贸易，因此，它们必须进入更大的市场来依靠外部经济实现规模经济。由此，Alesina and Wacziarg（1998）推断，贸易风险水平较高的国家更有可能拥有较大规模的政府。然而，在对 1980—1984 年 137 个发达国家和发展中国家的样本进行实证研究后，他们发现，贸易开放度与政府总支出之间存在伪相关关系。随后，Ram（2009）采用了 1960—2000 年 154 个国家的面板数据证实了在控制国家规模后，贸易开放与政府规模之间的正相关关系依然是显著的，推翻了 Alesina and Wacziarg（1998）的结论。然而，Garrett and Mitchell（2001）基于 1961—1993 年 18 个经合组织成员国的面板数据，发现贸易开放与政府规模存在负相关关系。Gemmell et al.（2008）发现，经济开放会导致市场经济发达国家社会保障支出的显著增加。

梅东州和龚六堂（2012）认为，发达国家和发展中国家在经济开放与政府支出规模和结构上有很大的不同。因此，他们基于 1980—2008 年 184 个国家的面板数据，在分析中区分了发达国家和发展中国家样本。研究结果发现，经济开放对发展中国家的政府规模的影响呈现非线性的倒"U"形关系，而对发达国家的政府规模的影响则是显著为负。这主要是因为在经济开放程度较低时，发展中国家为了保护自己本国的产业不受到外部市场的冲击，会选择提高关税水平、增加行业补贴以及加大转移支付的力度，从而导致政府规模的扩张。但是当经济开放达到一定程度时，政府对经济的干预将会扭曲市场以及降低资源配置的效率，这时候经济开放与政府规模之间的关系将逐渐转为负相关。而对于发达国家来说，由于其拥有健全的市场体制，因此，经济开放对政府规模的影响一直显著为负。

毛捷等（2015）从历史视角来分析经济开放是如何影响政府规模的。他们利用1850—2009年的长时间跨国数据，分析了19世纪中叶以来两次不同背景的经济全球化对政府规模的影响，识别出特定历史情境下由于政府职能的不同，经济开放对政府规模的不同影响机制。研究结果表明，第一次世界大战前（1850—1913年），处于古典自由主义时期的政府扮演了"守夜人"的角色，承担的社会保障职能较少，并且受到经济（居民收入、税收等）和政治等因素的制约，这时候的经济开放会导致政府规模相对较小；而第二次世界大战后（1950—2009年），社会经济发展水平逐渐提高，政府逐步转型成为"保育员"，通过构建和扩大社会保障体系来应对全球化带来的外部风险，这时经济开放带来政府规模显著扩张。

有部分学者在对外开放的基础上还考虑外部风险对政府规模的影响效应（Rodrik，1998；Islam，2004）。Rodrik（1998）在Cameron（1978）的研究基础上进一步扩大了研究样本，采用了125个发达国家和发展中国家的跨国数据。除贸易开放度外，他们还在模型中加入了用贸易条件的波动性与贸易开放的乘积来度量的外部风险指标，结果表明，对外贸易和对外风险都显著地提升了政府规模，并且外部风险与社会保障和福利支出也呈现出显著的正相关关系。Rodrik（1998）的研究恰好支持了"补偿假说"，即政府通过提供社会保障来抵御对外开放所带来的外部风险。Islam（2004）采用1929—1997年美国、加拿大、英国、澳大利亚、挪威和瑞典这6个国家的时间序列数据，检验对外开放、外部风险和政府规模之间的关系。研究发现，只有加拿大、英国、挪威和瑞典的政府规模和对外开放是正相关的，而美国和澳大利亚呈现了负相关的结果；从外部风险来看，只有澳大利亚的政府规模和外部风险是正相关的，而美国、加拿大、英国、挪威和瑞典这5个国家呈现了负相关的关系。Islam

（2004）的发现表明，仅有部分国家的证据支持对外开放和外部风险会扩大政府规模，推翻了Rodrik（1998）先前的结论。

Ram（2009）认为已有文献所得结果的差异主要是因为大多数研究都是利用了不同国家的截面数据进行归总，这样做无法完全将国家间的异质性纳入验证范围。因此，有部分研究考察了单个国家内部全球化与公共支出之间的关系，这些研究通常采用时间序列手段来分析（Molana et al.，2004；Dawson and Sokoloff，2005；Mourao，2007；Ferris et al.，2008；Sáenz et al.，2013）。Ferris et al.（2008）证实了1870—2000年加拿大对外贸易开放与公共支出之间的负面关系。相反地，Mourao（2007）发现1960—2002年葡萄牙贸易开放与若干项公共支出类别（如政府补贴、利息支付、其他经常性支出以及公共支出总额占GDP的比例）之间存在正相关关系。Sáenz et al.（2013）也表明，1960—2000年，开放程度的提高似乎导致西班牙的公共支出增加。同时，他们还发现了政治制度影响的证据，即民主加强了贸易开放与公共支出之间的因果关系。

另有一部分研究从金融一体化的角度出发来研究经济全球化对公共部门的影响。Quinn（1997）发现，资本账户自由化与政府支出增加有关。而Garrett（1995）则提供了不一样的证据，其研究结果表明，更强的资本流动性对政府支出产生了下行压力，而贸易对公共支出没有显著影响。Bernauer and Achini（2000）以及Garrett（2001）则没有发现资本流动对政府支出水平有影响的有力证据。此外，Bretschger and Hettich（2002）提出，"效率假说"和"补偿假说"不一定是互斥的，他们发现1967—1996年14个经合组织成员国中，全球化对公司所得税产生了负面影响，同时对劳动税和社会支出产生了积极影响。

除了这些关注经济全球一体化的研究外，Dreher（2006）还构建了一个全面的全球化指数。该指数涵盖了全球化的三个方面，包括经济一体化、政治一体化和社会一体化。他认为，这三个方面往往会相互影响。例如，更高水平的政治一体化会伴随着更高水平的经济一体化，这可能会抵消一部分对经济一体化的制约作用。社会一体化则可能对经济一体化产生积极或负面的影响，高度的文化融合使得资本能更容易地转移到其他国家，同时也使本国对外国投资者更具吸引力（Dreher et al.，2008a）。Dreher et al.（2008b）在考察了全球化指数的总体影响以及经济、社会和政治三个全球化分指标对政府支出的影响后发现，就总支出和社会支出而言，全球化总指数和分指数并没有对政府支出产生重大影响。通过采用相同的全球化指数，Adams and Sakyi（2012）使用一个长时间样本期，涵盖1970—2009年42个撒哈拉以南非洲国家的数据，研究了全球化与政府支出之间的关系。结果表明，经济一体化显著地扩大了政府支出规模，支持了"补偿假说"；而社会一体化和政治一体化却负面影响了政府支出规模，支持了"效率假说"。

已有的一系列考察全球化与政府支出之间关系的实证研究主要是集中在发达国家样本，特别是经合组织国家的背景下进行的。绝大多数经验研究更多地集中在国家层面上，分析国际市场一体化对一国政府规模的影响，并且大多采用了跨国截面数据或单国时间序列数据。有人认为，国际市场一体化对地区层面政府财政政策的影响应该比一个国家更大（Guo，2013）。然而却鲜有针对一个国家内部，利用各个地区层面面板数据来分析国际市场一体化对地方政府规模和结构的实证研究。

Figlio and Blonigen（2000）使用了南卡罗来纳州1980年至1995年5月的详细县级数据，发现外国投资往往会降低人均政府支出，而拥有更多外国投资的县市往往会从教育支出转向交通和公共安全支出，这符合"效率假说"。而Balle and Vaidya（2002）采用了美国48个州1987—1994年平均贸易开放度和政府支出总额度数据，以及1995—1997年平均政府两个财政支出类别的数据，即社会福利和保健支出，研究了贸易开放度与美国地方政府规模和支出结构之间的联系。他们发现，贸易开放度对政府支出规模的影响不显著，但是与社会福利和保健方面的支出规模显著正相关，支持"补偿假说"。

也有部分研究为国际市场整合与政府支出之间的关系提供了经验证据（踪家峰、蔡伟贤，2008；杨灿明、孙群力，2008；高凌云、毛日昇，2011；邹武鹰等，2010；王德祥、张权，2011；Wu and Lin，2012）。杨灿明和孙群力（2008）利用1978—2006年中国28个省区市的面板数据，将贸易开放度和外部风险作为全球化的衡量指标，分析了我国对外贸易和外部风险对地方政府规模的影响。结果表明，外部风险和贸易依存度显著扩大了地方政府的规模，并且外部风险与社会保障和社会福利支出呈显著正相关，支持"补偿假说"。他们还进一步分析了地区间的差异。在东部地区，外部风险与政府规模呈显著的正相关关系，但是贸易开放却不显著；在西部地区，贸易开放导致地方政府规模的扩大，外部风险不显著；在中部地区，对外贸易和外部风险均显著导致地方政府规模的扩大。此外，他们还得出结论，外部风险倾向于以减少政策性补贴为代价增加社会福利和转移支付，而贸易开放会对社会福利和社会保障以及转移支付产生积极影响，同时与政策性补贴呈负相关关系。王德祥和张权（2011）研究了东部、西部、中部地区外国直接投资（FDI）与地方政府财政支出结构的关系，发现东部和中部地区的政府消费性支出都与外国直接投资呈正相关关系，投资性支出都与外国直接投资呈负相关关系，而西部地区的政府消费性支出与外国直接投资呈负相关关系，投资性支出与外国直接投资呈正相关关系。Wu and Lin（2012）采用GMM估计方法来处理地方公共支出和其决定因素之间存在的内生性问题。他们发现，贸易开放和国外直接投资都会导致政府总支出的缩减，这意味着公共服务效率的提高。

还有一部分文献考察了国际市场一体化对政府支出结构的影响。踪家峰和蔡伟贤（2008）同时考虑了全球化和地区间财政竞争对公共支出结构的影响。他们发现，外国直接投资会降低地方政府总支出规模，而贸易开放则倾向于扩大政府支出规模和社会福利。此外，他们还观察到地方政府的总支出以及行政和社会福利支出往往与邻近地区的支出水平是负相关的，而用于基本建设和科学研究的支出往往是正相关的。此外，邹武鹰、亓朋和许和连（2010）采用误差修正模型（ECM）考察了贸易开放对政府各类支出的影响。研究结果表明，贸易开放在短期内会刺激政府增加教育支出，在长期内会增加农业支出。此外，无论是短期还是长期，贸易开放都倾向于减少价格补贴，对社会保障和福利没有显著影响。高凌云和毛日昇（2011）也发现，贸易开放对中国地方政府不同类型公共支出的影响存在差异。

二、国内市场整合与政府支出

中国国内市场分割现象的根源可以追溯到财政改革。中国财政改革其中一个重要特征和成果便是财政分权，这意味着地方政府现在享有高度的财政自主权和决定权，每个地区都可以被视为自给自足的独立经营单位（Maskin et al.,

2000）。财政分权还会导致地方政府陷入争夺流动税基的地区间竞争中，并带来地区间的市场分割现象。为了维持当地经济发展，地方政府会有动力去保护那些高利润率行业不受区域竞争的影响，这导致地方保护主义和市场分割的发展（Bai et al.，2004，2008）。因此，财政分权为地方政府提供了强有力的激励来发展当地经济，促使其将更多的资源投入对流动纳税人和投资者有利的公共产品和服务上，同时，在收入受限的情况下，政府可能会削减那些对短期经济增长没有贡献的支出类型，比如教育和医疗方面的支出以及社会福利支出（Feld et al.，2010）。

虽然已经有大量文献调查了中国国内市场是否趋于整合，但是这些文献并没有将其和地方政府的公共支出联系起来，来考察国内市场一体化对公共支出规模和结构的影响。与国际市场一体化的"效率假说"和"补偿假说"相对应，国内市场一体化水平可能会通过同样的渠道影响地方政府的支出政策。这是因为一个国家内部如果存在边界效应的话，将会影响经济活动和企业在地区间获得最高回报的能力。如果国内市场是完全整合的，那么企业和资本将能自由地跨地区流动，这将迫使地方政府利用低利率或提供良好的基础建设设施来吸引它们，同时降低社会福利补贴。因此，一方面，与全球化的"效率假说"相似，国内市场一体化会导致政府规模的缩减，以及生产性支出的增加和社会福利支出的减少；另一方面，国内市场整合也会带来地区间资源共享水平的提升，缓解地区间重复建设的问题。Carlsen、Langset and Rattsø（2005）是唯一考察地区间企业流动水平和税收水平之间关系的研究者。他们在税收竞争模型中引入了企业的流动性，并根据工业部门内的地理利润变化和市镇之间的不同部门构成计算了当地流动性的变化。他们报告说，挪威各市镇的当地流动条件与税收水平之间存在负相关关系。

有部分研究从侧面考察了财政分权与政府支出之间的关系，证实了财政分权会导致地方政府过度提供基础设施投资，而教育、卫生和社会福利等公共产品却提供不足（Wu and Lin，2012；Jia et al.，2014）。Wu and Lin（2012）的研究结果表明，支出和收入分权都有助于政府支出的扩张。Jia、Guo and Zhang（2014）使用了1997—2006年县级层面公共支出数据，发现支出分权不仅会增加政府的总支出，还会导致基本建设的占比更大，教育和行政的占比更小。

从国内一体化与公共支出之间的联系可以发现，尽管我们期望商品和资本在一个国家内自由流动，而不是商品和资本的国际流动，但有证据表明，行政边界往往在国家内起到阻碍作用（O'Connell and Wei，2002）。这一点也适用于中国，尽管国内市场分散或一体化的证据好坏参半（Young，2000；Holz，2009）。根据我们从全球化中得到的经验证据，可以说，国内市场化程度也应该同样会影响公共支出。由于一国内部各地区之间存在边界效应，这将影响经济活动和企业获得最高回报的能力。此外，公共支出和税收也将根据当地市场条件而变化，因为它们被用作吸引经济活动和企业的工具。

第五节 市场整合与企业创新

企业创新活动可以被视为"一个开放的过程"。换句话来说，企业的知识、技术溢出和扩散的过程并不仅仅局限在企业自身边界以内，而更多涉及的是企业之间互动和交流的过程（Ning et al.，2016）。因此，我们认为，企业经营所处的市场环境会在促进（抑制）企业这种知识、技术溢出和扩散方面发挥关键的作用。一部分文献强调了地理邻近性即产业集聚在企业创新活动中所扮演的重要角色。这部分文献认为，随着距离的缩短，企业间的互动和交流的频率和效率都有可能会提高。已有充分的经验证据表明，产业集聚将刺激企业创新，因为产业集群拉近了企业间的交流距离，从而在企业间产生了更为频繁和高效的信息交流和知识技术溢出水平（Zhang，2015）。我们认为，不仅企业之间的空间距离的邻近性对企业知识技术的溢出和转移有着非常重要的作用，同时企业所处的外部环境也对企业创新活动起着决定性的作用。企业所处的外部环境其中一个重要方面是市场一体化，即市场整合度。市场一体化程度往往与商品和资本在不同市场之间自由流动的程度有关，因此，它极大程度上会影响技术和知识传播的范围和效率，也可能会影响市场的竞争强度。还应注意的是，企业所处的外部市场环境，如市场一体化不仅包括当地与全球外部市场的一体化，还包括与国内各地区之间的市场一体化程度，因此，在研究企业创新行为时，我们应同时将国际和国内市场整合纳入分析框架中。

一、国际市场整合与企业创新

全球化，即国际市场整合，在地方经济中所扮演的重要角色在现有文献中已经得到充分强调和肯定（Görg and Greenaway，2004）。长期以来，人们一直认为，全球化可以通过各种渠道影响当地企业的创新能力和激励企业的创新意愿，主要包括两个方面：一是技术知识转移和溢出；二是改变市场竞争程度（Liu and Qiu，2016；Shu and Steinwender，2018）。

一方面，国际市场一体化为生产要素，特别是创新要素如知识和技术在国家间顺利流通创造了便利条件，优化了创新要素的资源配置。众所周知，国际贸易总是伴随着无形知识（intangible knowledge）的流动。比如，国内企业可以通过向国际市场销售出口产品来学习，这将会直接或间接地提高企业的技术能力。企业的进口活动也可以让本土企业学习到其他国家企业的先进技术，因为知识和技术总是蕴含在这些商品中，特别是来自发达经济体的产品，如中间投入品等。此外，外国直接投资活动也成为国内企业获取国外先进技术的另一个重要渠道，将会刺激本土企业提升本公司的产品质量、开发新产品和新工艺，主要通过逆向工程（reverse engineering）、劳动力周转（labor turnover）和示范效应（demonstration effect）三个渠道来实现（Cheung and Lin，2004）。从外国直接投资的角度来看，第一，当地公司可以通过逆向工程模仿跨国公司提供的产品和技术；第二，知识技术溢出也可以通过劳动力的流动产生，即曾经在跨国企业工作过的技术工人或管理人员转移到当地公司工作时，同时也带来了原企业的知识和技术；第三，示范效应还可以让国内企业直接观察到跨国公司创新型产品，从而鼓励本土企业开展创新活动。而国际市场一体化恰恰打通了国家之间的要素流通渠道，降低了国家间的交易成本，因此可以提升创新主体之间的交流和合作。本土企业可以通过横向和纵向的溢出（horizontal and vertical spillover）来促进与跨国企业间创新信息的交换以及知识和技术的外溢和传播，带来了企业间的学习效应（learning effect），使得当地的创新者从中受益（Liu and Buck，2007）。

另一方面，国际市场一体化还可能加剧本土企业与跨国公司之间的竞争效应（competition effect）（Zhang and Roelfsema，2014）。竞争—创新关系表明，产品市场的竞争会鼓励或阻碍企业的创新意愿和创新行为（Aghion et al.，2005）。一是市场竞争效应可能会刺激本地企业的创新活动。因为市场竞争会使得企业进行创新活动前的租金比创新活动后的租金低得多，因此会推动企业升级产品线和实行技术变革，从而达到"逃避竞争"（escaping competition）的目的，并最终提升了企业利润。二是竞争效应也会对企业创新活动产生负面影响。市场分割会阻碍跨国企业进入市场，限制了市场竞争效应的强度，在一定程度上保护了本地区地方政府保护下低生产效率和创新水平不高的企业。而市场一体化之后，其他国家高生产效率和高创新水平的企业进入本地市场，产品市场竞争加剧，降低了企业创新活动所得的租金，并产生较低的利润，特别是在创新活动前租金较低的情况下。最终，这些低效率企业在市场竞争机制的作用下将会降低其销售利润抑或是逐渐被淘汰出市场，这时市场一体化会抑制企业投资创新活动的动机（Lu and Ng，2012）。

二、国内市场整合与企业创新

除了国际市场一体化之外，我们还认为，本土企业知识溢出的范围和强度以及市场竞争程度对本土企业创新活动的影响也很大程度上取决于国内市场一体化的程度。不难理解，一方面，高度一体化的国内市场可能会推动位于一国内不同地区本土企业之间知识技术的溢出和传播，而一个分割的国内市场总是伴随着明显的贸易和行政壁垒，这可能会阻碍国内现有企业之间的信息和知识技术的流动。另一方面，整合良好的国内市场也会导致国内市场竞争更加激烈，当地产业不再处在地方政府的保护伞下，当地企业的利润可能会受到侵蚀，从而对企业的创新活动和意愿产生负面影响。因此，国内市场一体化也可能对本土企业创新活动的能力和激励产生影响。国内市场整合主要通过三个方面来影响本土企业的创新活动水平，主要包括要素流动效应、规模经济效应和竞争效应。

首先，国内市场一体化可以通过降低要素的交易成本以及知识溢出来刺激当地企业的创新活动（Liu and Qiu，2016）。从国内一体化的角度来看，当企业的创新活动收益小于市场分割所带来的交易成本时，企业就不会选择投资创新活动，因而市场分割会抑制企业的创新行为。而深化国内市场一体化则有助于降低国内地区间的贸易壁垒，如审批限制和环保要求等，降低企业的交易成本，促进区域间创新要素流动和知识技术的扩散和外溢。此外，国内市场一体化也有助于促进本土企业在产业间和产业内的联系，从而产生技术转让和创新溢出效应。有人认为，产业集群可以通过共享技术信息和知识以及共享熟练劳动力，为当地企业产生正外部性，提升企业创新水平（Mo et al., 2020）。此外，本土企业在其他地区设立国内子公司也能成为国内企业获取先进技术的另一个重要渠道，将会刺激企业提升本公司的产品质量、开发新产品和新工艺。

其次，国内市场一体化也有助于本土企业更好地发挥规模效应（scale effect）。规模经济既有助于分摊企业前期巨大的创新投入成本，又有助于增强企业抵抗风险的能力，优化企业创新行为，提高企业创新水平。市场分割将导致企业的生产和销售活动仅仅局限在本地市场内，因此，那些生产效率水平较高的创新型企业无法在国内其他地区扩大自己的生产销售规模，很大程度上限制了企业的规模经济收益，侵蚀了企业的利润，不利于企业创新活动的开展。所以，当市场一体化水平较高时，生产效率水平较高的创新性企业可以发挥自己的优势快速进入异地市场，扩大自身的生产销售规模，降低生产销售成本，从而实现规模经济。

最后，国内市场一体化也会导致本土企业与其他地区企业之间产生竞争效应（competition effect）。和全球化类似，国内市场一体化所带来的地区间的竞争效应可能会鼓励或限制本地企业的创新活动。一方面，国内市场一体化使得其他地区的企业进入本地市场参与产品竞争，增加地区间的竞争强度，这会促使本地区企业提高自身的生产率和推动企业产品升级来面对强而有力的竞争对手，因此会刺激本地企业的创新活动；另一方面，当国内市场一体化破除了地方保护主义后，异地的高生产效率和高创新水平的企业进入本地市场，本地低效率企业将会受到冲击，导致利润下滑甚至会被逐步淘汰出市场。

虽然已有部分文献尝试探讨国内市场分割对微观企业的影响，但大部分文献主要集中在研究企业生产效率和企业绩效的影响，仅有小部分文献研究了国内市场分割对企业技术创新的影响（张杰等，2011；吕越等，2021）。张杰、周晓艳和李勇（2011）实证分析了要素市场的扭曲是否对中国企业的R&D创新投入活动产生抑制效应。基于2001—2007年工业企业统计数据库，笔者发现，各省份地区的整体市场化程度显著地推动了企业R&D活动，而要素市场扭曲程度与企业R&D活动呈现出显著的负相关关系。笔者还进一步考察了要素市场扭曲对不同特征企业R&D的影响，结果发现，要素市场扭曲程度对民营企业和国有企业R&D投入的抑制作用更严重。吕越、田琳和吕云龙（2021）基于上市公司2007—2017年的企业面板数据，实证分析了市场分割程度对企业自主创新投入的影响效应，并且考察了此效应在不同所有制类型企业或所在区域的不同金融发展水平下是否有所差别。研究发现，市场扭曲显著地抑制了企业研发创新水平。市场分割对东部地区的研发带来更大的负面影响，对位于较高金融发展水平地区的企业创新活动产生的抑制效应更为明显，对非国有制企业创新的负面效应更大。进一步从市场分割对企业创新带来负向效应的影响机制来看，市场分割主要通过市场集中度下降和地区财政依赖性增强，从而阻碍企业的创新活动。

综上所述，国际和国内市场一体化促进了创新要素的流动，优化了要素资源配置，提升了企业的信息交换范围和效率，促进了企业间知识技术外溢效应，也使得企业更好地实现规模经济。此外，市场一体化水平的提升同时也会加剧区域间的竞争效应，而竞争效应会鼓励或抑制企业创新水平的提升。

第三章

中国国内市场分割：测量和描述性分析

本章沿用 Parsley and Wei（2000）和桂琦寒等（2006）的思路，采用相对价格指数方法来测度地区市场分割程度。相对价格指数法认为，各地区市场环境的差异可以从各地的商品相对价格的方差变动上反映出来。当各地区之间的市场分割程度较低时，商品和要素能够在地区之间实现自由流动，最终达到最优配置。这时商品和要素在该地区与周边地区的价格最终会趋同或者是在某一个合理的区间内实现收敛。基于以上理论，我们计算了 70 对相邻省（市）的地区市场分割指标数据，来观察地区市场整合中的地区和时间差异，并进一步将该数据合并为 31 个省级层面的数据，用以研究全国市场化程度随时间变化的总体趋势。

第一节 地区市场分割的测量

本章按照如下步骤来测算地区市场整合程度。首先，本书采用冰川成本模型的价格比的对数一阶差分形式来度量相对价格。假设 P_{it}^k 是商品 k 在年份 t 和地区 i 的价格，而 P_{jt}^k 是商品 k 在年份 t 和地区 j 的价格。C_{ijt}^k 是年份 t 时从地区 i 到地区 j（或地区 j 到地区 i）用于运输和销售产品 k 的交易成本。如果不存在套利机会，商品 k 在地区 i 的价格加上套利成本必须至少与相同的商品 k 在地区 j 的价格相同，反之亦然。所以我们可以得到：

$$\ln P_{it}^k + \ln C_{ijt}^k \geqslant \ln P_{jt}^k \text{ 和 } \ln P_{jt}^k + \ln C_{ijt}^k \geqslant \ln P_{it}^k$$

即，

$$-\ln C_{ijt}^k \leqslant \ln P_{it}^k - \ln P_{jt}^k \leqslant \ln C_{ijt}^k$$

然后，我们将价格差 Q_{ijt}^k 定义为商品 k 在年份 t 时地区 i 与地区 j 之间的价格差异，即 $Q_{ijt}^k = \ln P_{it}^k - \ln P_{jt}^k$。由于 Q_{ijt}^k 的值可为正亦可为负，这取决于地区 i 与地区 j 的前后顺序。因此，本书将关注点放在 Q_{ijt}^k 的绝对值上，这样我们可以得到：

$$\left| Q_{ijt}^k \right| \leqslant \ln C_{ijt}^k$$

接下来，我们计算商品 k 在年份 t 时相邻地区 i 和 j 之间的相对价格比的对数一阶差分。这里，我们将关注点放在 Q_{ijt}^k 的一阶差分上，因为 ΔQ_{ijt}^k 和 Q_{ijt}^k 在描述国内市场整合过程时是等价的。这是因为，如果市场存在分割的情况，当套利成本 c 达到最大值时，相对价格 Q_{ijt}^k 最终将会收敛，所以不难得出 ΔQ_{ijt}^k 最终也将会收敛。此外，相对价格比的一阶差分形式也可以帮助我们更好地处理商品零售价格指数数据，因为这是一个环比数据。在计算市场分割指数时，本书仅关注了相邻的省份，因为如果两个地区距离太远，可能会存在许多其他潜在的因素导致价格偏离。因此，Q_{ijt}^k 的一阶差分形式可以写作：

$$\Delta Q_{ijt}^k = \ln\left(P_{it}^k / P_{jt}^k \right) - \ln\left(P_{it-1}^k / P_{jt-1}^k \right) = \ln\left(P_{it}^k / P_{it-1}^k \right) - \ln\left(P_{jt}^k / P_{jt-1}^k \right)$$

随后，我们需要进一步采用去均值（de-mean）方法来消除 $\left|\Delta Q_{ijt}^{k}\right|$ 中与特定商品相关联的固定效应。这是因为，某一时期两地商品的价格变动可能是两方面因素导致的，其中，一部分的价格变动是与商品自身特征相关的，比如自然条件所导致的产量波动；另一部分的价格变动与商品本身特征无关，仅与两地市场环境或其他随机因素相关，如贸易壁垒等。如果没有消除第一类因素对 $\left|\Delta Q_{ijt}^{k}\right|$ 的影响就与其他商品的相对价格加总求方差的话，计算结果可能会高估由贸易壁垒所导致的实际方差值。因此，我们采取去均值的方法来消除这种与商品自身特征相关联的固定效应（fixed effect）a^{k} 所带来的偏误。具体步骤是：假设 $\left|\Delta Q_{ijt}^{k}\right|$ 是由 a^{k} 和 ε_{ijt}^{k} 两项组成的，其中 a^{k} 仅与商品种类 k 相关，ε_{ijt}^{k} 与 i，j 两地的市场环境相关。要消除 a^{k}，需要对给定年份 t 和给定商品种类 k 的 $\left|\Delta Q_{ijt}^{k}\right|$ 在 70 组相邻省之间求平均值 $\overline{\left|\Delta Q_{t}^{k}\right|}$，再分别用这 70 个 $\left|\Delta Q_{ijt}^{k}\right|$ 减去相对应的均值 $\overline{\left|\Delta Q_{t}^{k}\right|}$。用此方法可以得到 $\left|\Delta Q_{ijt}^{k}\right| - \overline{\left|\Delta Q_{t}^{k}\right|} = \left(a^{k} - \overline{a^{k}}\right) + \left(\varepsilon_{ijt}^{k} - \overline{\varepsilon_{ijt}^{k}}\right)$，再令 $q_{ijt}^{k} = \varepsilon_{ijt}^{k} - \overline{\varepsilon_{ijt}^{k}} = \left|\Delta Q_{ijt}^{k}\right| - \overline{\left|\Delta Q_{t}^{k}\right|}$，在这里，$q_{ijt}^{k}$ 仅与两地间的市场环境和随机因素有关。最后，我们将其方差记为 $Var\left(q_{ijt}^{k}\right)$。

基于相对价格法来测算市场分割程度需要构建三维面板数据（$t \times m \times k$）。其中，t 代表时间，m 代表地区，k 是商品。原始数据主要来自 1995—2019 年《中国统计年鉴》中 31 个省、自治区和直辖市的 12 类商品零售价格指数。在这里我们选取了 12 类商品，这些商品数据在本书的样本期内具有一致性和连贯性。12 类商品包括：食品、服装鞋帽、纺织品、日用品、文化体育用品、报纸杂志、中西药品、化妆品、家用电器、首饰、建筑装潢材料及燃料。经过以上一系列数据处理步骤，我们得到了 70 对相邻省（市）在 25 年间的 1750（70×25）个方差值。最后，需要将 70 对相邻省（市）的数据整合成 31 个省级层面的数据。例如，北京的国内市场分割指数是北京—天津、北京—河北之间 $Var(q_{ijt})$ 的平均值。最终，我们得到了 775（31×25）个国内市场分割指标的观察值。

第二节　地区市场分割的描述性分析

通过观察70组相邻省区市的时间序列数据，我们发现，各相邻省区市的市场整合程度存在较为明显的地区和时间差异。尤其值得注意的是京津冀地区（北京、天津和河北）和长三角地区（上海、浙江和江苏）的方差趋势。从纵向看（表3-1），我们逐一平均了各个相邻地区对数据在25年内的$Var(q_{ijt})$，得到了70个相邻省区市对的相对价格方差均值排名。其中，北京—河北的平均值最大，达到0.00193306；云南—西藏次之，为0.00128519；北京—天津居第三位，为0.00126669。京津冀地区的三组相邻省区市对的相对价格方差均值分别位于首位、第三和第十一位。同样地，长三角地区的三组相邻省区市对的相对价格方差均值中的两组（上海—江苏、上海—浙江）分别位于第八和第九位。从横向看（表3-2），在京津冀地区中，北京—河北的相对价格方差曾有三年位居各地区对的首位（分别是1997年、1998年、2005年），两年居第二位（2000年、2010年）；北京—天津一年位居第一（2000年），三年位居第二（1996年、1997年、1998年）。长三角地区中，上海—浙江的相对价格方差曾有三年位居各地区对的首位（分别是1999年、2011年、2016年），一年居第二位（2006年）；上海—江苏一年居首位（2012年），两年居第二位（2016年、2017年）。由此可以看出，京津冀地区和长三角地区对的相对价格方差明显高于全国的平均值水平。这可能是因为北京、天津和上海的直辖市地位使得其能够从中央上级政府直接获得一些特殊的优待政策，导致其邻省河北、浙江和江苏采取不合作的应对措施来保护自己本地的利益，从而导致了市场分割的现象。

表3-1 相邻省区市对相对价格方差均值排名

序号	邻省区市对	平均值	序号	邻省区市对	平均值	序号	邻省区市对	平均值	序号	邻省区市对	平均值
1	北京—河北	0.00193306	19	湖北—陕西	0.00051936	37	湖北—湖南	0.00037011	55	浙江—江西	0.00026184
2	云南—西藏	0.00128519	20	四川—甘肃	0.00051129	38	河南—湖北	0.00034589	56	江苏—安徽	0.00025745
3	北京—天津	0.00126669	21	青海—新疆	0.00049902	39	内蒙古—辽宁	0.00034383	57	内蒙古—宁夏	0.00025601
4	西藏—新疆	0.00114484	22	湖南—贵州	0.00049877	40	吉林—黑龙江	0.00034213	58	河北—山东	0.00025569
5	海南—广东	0.00110312	23	内蒙古—陕西	0.00048096	41	河北—内蒙古	0.00034195	59	河北—山西	0.00025516
6	西藏—广东	0.00105281	24	广西—贵州	0.00047992	42	江西—湖南	0.00033431	60	辽宁—吉林	0.00024650
7	海南—青海	0.00099876	25	贵州—云南	0.00046477	43	江西—湖北	0.00032884	61	河北—河南	0.00024340
8	海南—广西	0.00089097	26	广西—云南	0.00045960	44	安徽—江西	0.00031021	62	福建—广东	0.00024338
9	上海—江苏	0.00085626	27	湖南—广西	0.00045143	45	江西—广东	0.00030757	63	安徽—山东	0.00023923
10	上海—浙江	0.00072943	28	湖北—重庆	0.00043355	46	河南—陕西	0.00030371	64	江苏—浙江	0.00023841
11	四川—云南	0.00067929	29	陕西—甘肃	0.00043150	47	山西—陕西	0.00029799	65	浙江—安徽	0.00022083
12	天津—河北	0.00062539	30	四川—西藏	0.00042814	48	山东—内蒙古	0.00029672	66	福建—江西	0.00020915
13	四川—青海	0.00059567	31	山西—河南	0.00041988	49	内蒙古—吉林	0.00028970	67	安徽—湖北	0.00020724
14	重庆—贵州	0.00059391	32	四川—贵州	0.00040531	50	安徽—河南	0.00028504	68	江苏—山东	0.00020716
15	湖南—广东	0.00053907	33	四川—陕西	0.00040371	51	内蒙古—黑龙江	0.00028404	69	河北—辽宁	0.00019215
16	湖南—重庆	0.00053718	34	甘肃—新疆	0.00039327	52	内蒙古—甘肃	0.00028260	70	山东—河南	0.00019210
17	甘肃—青海	0.00053293	35	陕西—宁夏	0.00038249	53	广东—广西	0.00028099			
18	重庆—四川	0.00052880	36	甘肃—宁夏	0.00037151	54	浙江—福建	0.00026614			

表3-2　历年相对价格方差最大相邻省区市对

年份	第一位	第二位	年份	第一位	第二位
1995	海南一广西	海南一广东	2008	湖南一广东	重庆一贵州
1996	海南一广东	北京一天津	2009	西藏一新疆	湖南一贵州
1997	北京一河北	北京一天津	2010	云南一西藏	北京一河北
1998	北京一河北	北京一天津	2011	上海一浙江	内蒙古一甘肃
1999	上海一浙江	内蒙古一陕西	2012	上海一江苏	重庆一四川
2000	北京一天津	北京一河北	2013	甘肃一青海	四川一青海
2001	云南一西藏	四川一云南	2014	内蒙古一辽宁	吉林一黑龙江
2002	西藏一青海	西藏一新疆	2015	湖南一重庆	湖南一贵州
2003	云南一西藏	北京一河北	2016	上海一浙江	上海一江苏
2004	云南一西藏	西藏一新疆	2017	海南一广东	上海一江苏
2005	北京一河北	云南一西藏	2018	海南一广东	海南一广西
2006	湖南一广西	上海一浙江	2019	安徽一江西	海南一广西
2007	云南一西藏	四川一陕西			

接着我们关注了全国市场化程度的总体趋势。我们首先计算了 $Var(q_{ijt})$ 各省份逐年的平均值，即全国时间序列 $\overline{Var(q_{ijt})}$。除此之外，我们还单独计算了京津冀地区和长三角地区随着时间变化的趋势。从图3-1中可以看到，在1995—2019年这段区间内，全国平均水平的相对价格振动经历了一个先放大后收窄的过程，总体上呈现出逐渐收敛的趋势。由此我们可以推断出，中国各省区市的地区市场割据并非愈演愈烈，而是随着时间呈现出日渐整合趋势。此外，我们从图3-1中可以很明显地看出，京津冀地区对的相对价格方差变化幅度相当突出，远远高于全国的平均水平，同时，长三角地区也略高于全国平均水平。由图3-1观察到的结果很好地印证了我们之前的猜测，即京津冀和长三角地区的市场分割程度随着时间的推移大多高于全国平均水平，表现了市场非一体化的特征。此外，虽然地区间有着比较大的差异，但是我们依然可以看出，无论是京津冀地区还是长三角地区，都有着与全国平均水平类似的时间趋势，即相对价格振动都经历了先放大后收窄的过程，日渐趋向市场整合。

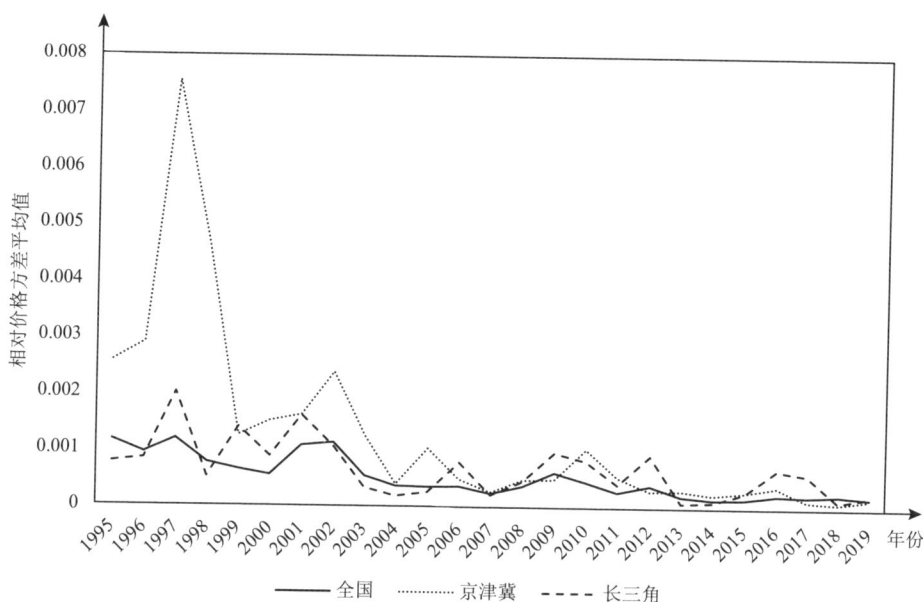

图 3-1 全国、京津冀及长三角地区的相对价格方差平均值时间趋势

　　除此之外，我们还进一步考察了东部、中部、西部地区市场一体化进程的差异和变化趋势。我们从计算所得的各省区市市场一体化指标中分别单独计算了东部 11 对相邻省区市、西部 12 对相邻省区市和中部 8 对相邻省区市的相对价格方差平均值。在此，我们将全国各地区分为东部、中部、西部三个地区，这里的东部地区包括北京、天津、河北、辽宁、上海、江苏、浙江、福建、山东、广东、海南等 11 个省市，西部地区包括内蒙古、广西、重庆、四川、贵州、云南、西藏、陕西、甘肃、青海、宁夏、新疆等 12 个省区市，中部地区包括山西、吉林、黑龙江、安徽、江西、河南、湖北、湖南等 8 个省。

　　从图 3-2 中可以看出，东部、西部、中部地区的市场整合程度存在较大的差异。其中，东部地区的相对价格方差的波动幅度最大，显著高于其他两个地区，西部地区次之，中部地区的波动幅度最小。虽然三大地区间相对价格方差的波动幅度有很大差异，但是总体来说，三大地区的市场整合程度有着基本一致的变化趋势，都呈现出与全国市场一致的随时间收敛趋势，即东部、中部、西部地区的市场日渐趋于整合。

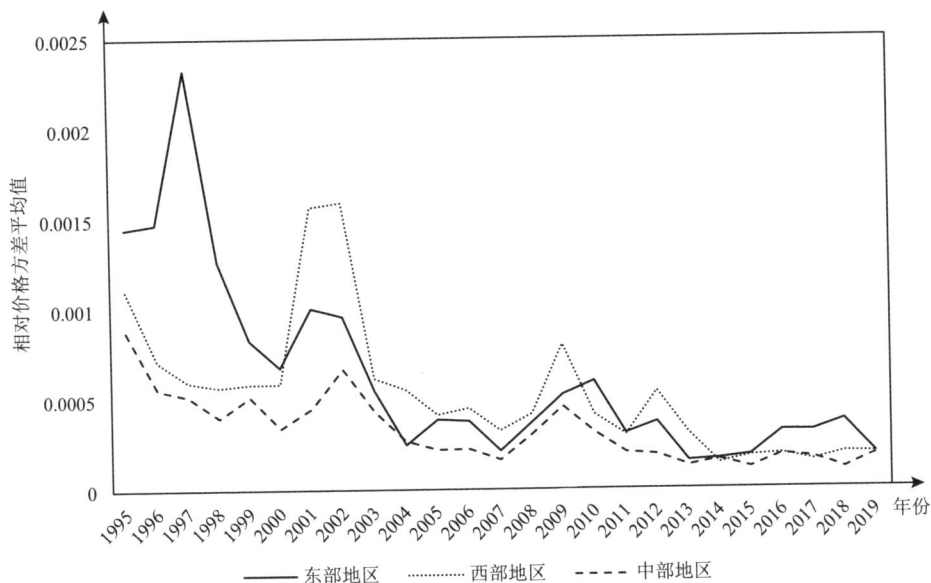

图 3-2　东部、西部、中部地区相对价格方差平均值时间趋势

综上所述，全国市场分割水平在 1995—2019 年间经历了一个先放大后收窄的过程，总体上呈现出逐渐收敛的态势。另外，分省份分析表明，各地区的市场分割水平仍然存在比较大的差异，其中京津冀和长三角地区的地区市场分割水平基本高于全国平均值水平，但是无论是京津冀还是长三角地区都有着和全国平均水平类似的时间趋势，即随着时间的推移市场整合水平日渐提升。

CHAPTER 4

第四章

市场一体化对政府支出的影响

本章从国际和国内市场一体化的角度来研究中国地方公共支出规模和结构的决定因素。改革开放以来，我国经历了全球经济一体化的浪潮，进出口总额占GDP的比重不断提高、贸易依存度稳步上升。与此同时，外国直接投资（FDI）也有了巨大的增长。这反映了我国更深入地融入全球市场，同时也表明了我国越来越依赖国际市场，受到世界经济冲击的风险也在不断加大。不可避免地，政府在制定其财政政策时，也会受到国际市场一体化这个外部环境的影响。本章将从这一理论基础出发，研究国际市场一体化和国内市场一体化对地方政府公共支出规模和结构的影响效应。

第一节　研究设计

一、模型设定

1.政府支出规模

为了检验市场整合对地方政府支出行为产生的影响效应，本书构建了如下基准回归模型：

$$Totalps_{i,t} = \alpha + \beta Global_{j,t} + \gamma Domestic_{j,t} + \rho Controls_{i,t}$$
$$+ \theta County_{i,t} + \phi Time\ Trend_t + \varepsilon_{i,t}$$

其中，下标 i，j，t 分别表示县（市）、县（市）所处的省区市和年份。$Totalps_{i,t}$ 代表了县（市）层面政府支出的规模，$Global_{j,t}$ 和 $Domestic_{j,t}$ 分别代表了省区市层面国际市场整合程度和国内市场整合程度，$Controls_{i,t}$ 涵盖了一系列地区特征的变量。除此之外，计量模型中还控制了县（市）固定效应（$County$）和时间趋势（$Time\ Trend$），$\varepsilon_{i,t}$ 为随机扰动项。

本书重点关注的系数 β（γ）衡量了国际（国内）市场整合对政府公共支出规模的影响程度。因此，当 β（γ）显著为正时，则表示国际（国内）市场整合程度的增强能够显著地扩大政府规模；当 β（γ）显著为负时，则表示国际（国内）市场整合程度的增强会显著约束政府的规模；当 β（γ）不显著时，则表示国际（国内）市场整合程度对政府支出规模没有显著影响。具体来说，若是"效率假说"占据主导地位，国际（国内）市场一体化与政府总支出呈负相关关系，系数 β（γ）将小于0。若是"补偿假说"占据主导地位，国际（国内）市场一体化与政府总支出呈正相关关系，系数 β（γ）将大于0。

2.政府支出结构

因为效率效应和补偿效应可能会互相抵消，所以我们得到的结果很可能是一个净效应，这导致我们无法清晰地辨认市场一体化影响政府规模的内在机制。因此，我们进一步考察了市场一体化与政府支出结构的关系，并建立模型如下：

$$Structureps_{j,t} = \alpha + \beta Global_{i,t} + \gamma Domestic_{i,t} + \rho Controls_{i,t}$$
$$+ \theta County_{i,t} + \phi Time\ Trend_t + \varepsilon_{i,t}$$

其中，下标 i, j, t 分别表示县（市）、县（市）所处的省区市和年份。$Structureps_{j,t}$ 代表了地方政府支出的结构，分别包括政府生产性支出（$Propsgdp_{it}$）和政府社会福利支出（$Socialpsgdp_{it}$）。此外，为了更好地考察地方政府支出结构的变化，我们还采用了另一种衡量方式，即不同支出类型占地方政府支出总额的份额，分别记为 $Prototalps_{it}$ 和 $Socialtotalps_{it}$。$Global_{i,t}$ 和 $Domestic_{i,t}$ 分别代表了国际市场整合程度和国内市场整合程度，$Controls_{i,t}$ 涵盖了一系列地区特征的变量。除此之外，计量模型中还控制了县（市）固定效应和时间趋势，$\varepsilon_{i,t}$ 为随机扰动项。

本书重点关注的系数 β（γ）衡量了国际（国内）市场整合对政府公共支出结构的影响程度。因此，当 β（γ）显著为正时，则表示国际（国内）市场整合程度的增强能够显著地提升政府某项支出类型的比例；当 β（γ）显著为负时，则表示国际（国内）市场整合程度的增强会显著降低政府某项支出类型的比例；当 β（γ）不显著时，则表示国际（国内）市场整合程度对政府某项支出类型没有显著影响。具体来说，若是"效率假说"占据主导地位，国际（国内）市场一体化与政府社会支出呈负相关关系，系数 β（γ）将小于0；国际（国内）市场一体化与生产性支出呈正相关关系，系数 β（γ）将大于0。若是"补偿假说"占据主导地位，国际（国内）市场一体化与政府社会支出呈正相关关系，系数 β（γ）将大于0；国际（国内）市场一体化与生产性支出呈负相关关系，系数 β（γ）将小于0。

二、内生性问题

虽然我们在之前的计量模型中控制了不可观察的固定效应，但并没有考虑市场一体化与政府支出规模和结构之间的反向因果关系，即政府支出规模和结构可能会反过来影响市场一体化的程度，造成模型的内生性问题。为此，我们主要使用两种方法来控制反向因果关系对实证结果的干扰。

我们参照黄玖立和李坤望（2006）以及吕越等（2018）的做法，使用各省区市到海岸线距离的倒数作为国际市场一体化的工具变量以及各省区市的平均海拔作为国内市场一体化的工具变量，对模型重新进行两阶段最小二乘法（2SLS）估计。

由于当前政府支出规模和结构会受到上一期的支出规模和结构的影响，我们还进一步考虑了在模型中加入被解释变量政府支出的滞后项来构成动态面板，并采用系统GMM进行估计。建立计量模型如下：

$$Totoalps_{j,t} = \alpha + \lambda PS_{j,t-1} + \beta Global_{j,t} + \gamma Domestic_{j,t} + \rho Controls_{i,t}$$
$$+ \theta County_{i,t} + \phi Time\ Trend_t + \varepsilon_{i,t}$$

三、变量选取

1.被解释变量

模型中的被解释变量（$Totoalps_{j,t}$和$Structureps_{j,t}$）分别代表了政府财政支出规模和结构，分别使用地区i在第t年的地方政府公共支出总额和分类型支出来衡量。其中，首先采用地方政府公共支出总额指标来考察市场一体化对政府支出规模的影响效应，政府支出规模（$Totalpsgdp_{it}$）指的是第t年地区i地方政府支出总额占地区生产总值（GDP）的份额。然而，如果用政府支出规模来考察市场一体化的"效率假说"和"补偿假说"，我们只能得到市场一体化的净效应，即效率效应和补偿效应相互抵消后剩下的那一部分影响结果。而当我们把政府财政支出进一步细分为生产性支出和非生产性支出以及社会支出时，我们可以更为准确地来确定市场一体化的具体作用机制。其中，补偿效应意味着市场一体化与社会支出（也有可能是非生产性支出）之间存在正相关关系，而效率效应则意味着生产性支出会增加。为此，我们进一步考察了市场一体化对政府支出结构的影响。在模型的因变量中，包括了政府生产性支出（$Propsgdp_{it}$）以及政府社会支出（$Socialpsgdp_{it}$）。此外，为了更好地考察地方政府支出结构的变化，我们还采用了另一种衡量方式，即不同支出类型占地方政府支出总额的份额，分别记为$Prototalps_{it}$和$Socialtotalps_{it}$。

2.解释变量

模型中本书所关注的两个主要解释变量为省级层面的市场整合程度，分别是国际市场整合程度（$Global$）和国内市场整合程度（$Domestic$）。其中，国际市场整合程度主要从两方面来衡量，即贸易开放度（*Trade*）和实际直接利用外资额（*FDI*）。贸易开放度采用各地区进出口总额占当地GDP的比重进行衡量，同时实际外资利用额也采用GDP进行去纲量化处理。此外，由于在第二章中我们计算的是地区市场分割指标（*DMS*），为了与国际市场整合程度指标相统一，便于解释和比较，在这里我们将地区市场分割指标转换为地区市场整合指标（*DMI*），具体计算方式为$\sqrt{1/DMS}$。

3.控制变量

本书在模型中引入一系列县（市）级层面的控制变量（*Controls*），包括：使用实际人均国内生产总值（*Gdppc*）作为地区经济发展程度的代理变量；使用城镇化率（*Urban*）来衡量地区社会发展程度的代理变量；使用人口密度（*Density*）作为地区规模的代理指标；用第一产业增加值占GDP的比重（*First*）来衡量地区产业结构，以上这些变量均取其自然对数。

本书主要使用的被解释变量、解释变量和控制变量的变量名称、符号及其具体定义见表4-1。

表4-1　主要变量及定义

变量类型	变量名称	变量符号	变量定义
被解释变量	政府总支出	*Totalpsgdp*	公共支出总额/GDP
	生产性支出	*Propsgdp*	生产性支出（包括基本建设、支援农村生产支出和农林水气事业费）/GDP
		Prototalps	生产性支出/总支出
	社会福利支出	*Socialpsgdp*	社会福利支出（包括教育支出和社会保障补助支出）/GDP
		Socialtotalps	社会福利支出/总支出
解释变量	贸易开放度	*Trade*	各地区进出口总量/GDP
	实际直接利用外资额	*FDI*	各地区实际直接利用外资额/GDP
	国内市场一体化	*DMI*	作者计算所得（见第二章）
控制变量	实际人均GDP	*Gdppc*	实际GDP/年末总人口
	城镇化率	*Urban*	乡村人口/年末总人口
	人口密度	*Density*	年末总人口/行政区域土地面积
	第一产业占比	*First*	第一产业增加值/GDP

四、数据来源

本书选取 1998—2006 年中国 1983 个县（市）的政府财政支出进行研究。研究所使用的数据主要包括：省级层面的国际和国内市场一体化指标，以及县（市）级层面的政府支出数据和其他控制变量。构建国际市场一体化指标的各地区进出口总量、实际直接利用外资额以及汇率主要来自历年《中国统计年鉴》，部分缺失值从各省各年的统计年鉴中单独获取；构建国内市场一体化的原始商品零售价格数据也主要来自历年《中国统计年鉴》。此外，政府总支出和用于计算政府生产性支出、非生产性支出以及社会支出指标的政府财政数据主要来自历年《全国地市县财政统计资料》。用于构造县（市）级层面的控制变量的原始数据主要来自历年《中国县（市）社会经济统计年鉴》，包括第一产业增加值、GDP、乡村人口、年末总人口以及行政区域土地面积。

第二节 市场一体化对政府支出的实证分析

一、政府支出规模

本书首先对基准模型进行回归，估计结果见表 4-2。表 4-2 的第（1）—（3）栏报告了国际和国内市场整合对地方政府支出规模影响的固定效应模型检验结果。由估计结果可知，地区市场整合的回归系数在 0.05% 水平下显著为负，意味着国内市场整合程度对地方政府支出规模有显著的抑制作用，一定程度上暗示了"效率假说"的存在。与此同时，我们发现，国际市场整合程度的两个代理指标，贸易开放度和外国直接投资均在 0.05% 的水平上显著为负，意味着贸易开放度和国外直接投资的增加也约束了地方政府的规模。但是，当我们在模型中同时加入贸易开放度和外国直接投资时，二者的显著性都降低了，这极有可能是这两个变量之间存在高度相关性和共线性所造成的。接着，我们来看控制变量的回归结果。实际人均生产总值和人口的系数均为正，意味着地区经济发展水平越高、人口密度越大，地方政府的支出规模也就越大。城镇化率和第一产业占比的系数为负，意味着对于农业人口和第一产业占比更高的地区来说，它们的政府支出规模总体来说更小。

从整体上来看，表4-2的回归结果表明，国际和国内市场一体化均对地方政府规模产生了一定的约束作用，显著减少了地方政府支出，一定程度上支持了市场一体化的"效率假说"。

表4-2　市场一体化与政府支出规模

项目	（1）Totalpsgdp	（2）Totalpsgdp	（3）Totalpsgdp
DMI	-0.0313**（0.015）	-0.0397***（0.011）	-0.0332**（0.014）
Trade	-0.0696**（0.042）	——	-0.0621*（0.041）
FDI	——	-0.0873**（0.038）	-0.0772*（0.039）
Gdppc	0.0270***（0.019）	0.0235***（0.018）	0.0269***（0.019）
Urban	-0.6502***（0.154）	-0.5834***（0.170）	-0.6516**（0.157）
Density	0.0014*（0.011）	0.0011**（0.010）	0.0013*（0.011）
First	-0.0299*（0.041）	-0.0336*（0.038）	-0.0278*（0.041）
观测值	12,753	12,753	12,753
县（市）效应	是	是	是
时间趋势	是	是	是

注：*、**、*** 分别表示在10%、5%和1%的显著性水平下显著；括号中为稳健标准误，下表同。

二、政府支出结构

由于各类财政支出对经济发展的作用存在差异，因此，我们在分析市场整合对政府支出规模影响的基础上，进一步考察了市场整合对地方政府不同支出类型的差异性效应。为此，我们将地方政府总支出中部分支出类别进一步划分为改善生产的生产性支出和增进福利的社会福利支出两大类，这样能够更好地厘清市场一体化对政府支出行为影响的具体作用机制，验证"效率假说"或"补偿假说"。政府生产性支出（Productive Spending）包括基本建设支出、支援农村生产支出以及农林水气部门事业费。社会福利支出（Social Spending）包括教育支出和社会保障补助支出。此处没有将医疗卫生支出纳入社会福利支出主要是因为医疗卫生支出的数据仅从 2003 年起始，样本缺失过多。

表 4-3 为国内和国际市场整合对政府不同支出类别的影响。其中第（1）—（3）栏汇报了市场整合对政府生产性支出在 GDP 中占比的影响效应。我们发现有意思的是，虽然国内和国际市场整合都显著地缩小了政府的支出规模，但是对政府的支出结构却有截然不同的影响效应。首先，国内市场整合对生产性支出有显著的抑制作用，而对于国际市场一体化来说，仅有贸易开放度在一定程度上提升了地方政府的生产性支出，但外国直接投资并没有使生产性支出的规模显著扩大。接下来，第（4）—（6）栏汇报了市场整合对政府社会福利支出的影响效应。可以看到，国内市场一体化对社会福利支出没有产生显著的影响，而贸易开放度和外国直接投资均对社会福利支出产生了显著的负面效应，特别是外国直接投资的系数在 0.01% 水平上显著为负。由此我们可以得出，国内市场整合降低了地方政府的生产性支出，而国际市场整合却起了恰恰相反的作用。国际贸易显著地提升了地方政府的生产性支出，而社会福利支出却受到了国际贸易和外国直接投资两方面的负面影响。

表 4-3 第（7）—（12）栏汇报了国内和国际市场整合对政府不同支出类别在总支出中占比的影响。其中第（7）—（9）栏汇报了市场整合对政府生产性支出的影响效应。首先，国内市场整合对生产性支出的系数虽然为负但是不显著，而对于国际市场一体化来说，贸易开放度和外国直接投资均提升了地方政府的生产性支出。接下来，第（10）—（12）栏汇报了市场整合对政府社会福利支出的影响效应。可以看到，国内市场一体化对社会福利支出没有产生显著的影响，而贸易开放度和外国直接投资均对社会福利支出产生了显著的负面效应，系数都在 0.01% 水平上显著为负。由此我们可以得出，国内市场整合对地方政府生产性支出和社会福利支出在总支出中的占比均没有显著影响。而国际市场整合中的国际贸易和外国直接投资则显著地提升了地方政府的总支出中生产性支出的占比，同时也显著降低了社会福利支出的占比。

表4-3 市场一体化与政府支出结构

项目	（1）Propsgdp	（2）Propsgdp	（3）Propsgdp	（4）Socialpsgdp	（5）Socialpsgdp	（6）Socialpsgdp	（7）Prototalps	（8）Prototalps	（9）Prototalps	（10）Socialtotalps	（11）Socialtotalps	（12）Socialtotalps
DMI	-0.0321**	-0.0634***	-0.0357**	-0.0217	-0.0314	-0.0300	-0.0107	-0.0422	-0.0060	0.0071	0.0283	-0.0022
	（0.020）	（0.019）	（0.020）	（0.032）	（0.020）	（0.032）	（0.066）	（0.045）	（0.063）	（0.057）	（0.020）	（0.056）
Trade	0.1275**	—	0.1079*	-0.2220**	—	-0.2520**	0.4310***	—	0.4390***	-0.5144***	—	-0.5403***
	（0.060）	—	（0.065）	（0.103）	—	（0.115）	（0.098）	—	（0.100）	（0.143）	—	（0.155）
FDI	—	-0.0124	-0.0108	—	-0.2415***	-0.2382***	—	0.2629***	0.2357***	—	-0.3809***	-0.3514***
	—	（0.062）	（0.068）	—	（0.082）	（0.080）	—	（0.086）	（0.074）	—	（0.081）	（0.075）
观测值	11,423	11,423	11,423	10,738	10,738	10,738	11,423	11,423	11,423	10,738	10,738	10,738
控制变量	是	是	是	是	是	是	是	是	是	是	是	是
县（市）	是	是	是	是	是	是	是	是	是	是	是	是
时间趋势	是	是	是	是	是	是	是	是	是	是	是	是

从整体上来看，表4-3的回归结果表明，国内市场一体化显著降低了地方政府生产性支出在GDP中的占比，对社会福利支出却没有显著的影响；国际市场一体化的作用却恰好相反，贸易开放在一定程度上扩大了地方政府生产性支出在GDP中的占比，贸易开放和外国直接投资同时显著地抑制了社会福利支出。与此同时，从政府支出组合的角度来看，国内市场一体化对地方政府生产性支出和社会福利支出在总支出中的占比均没有显著的影响；而国际一体化中的贸易开放和外国投资却显著提高了生产性支出在政府总支出中的占比，同时也显著抑制了社会福利支出。因此，结合之前我们观察到的国内和国际市场一体化对地方政府支出规模的约束作用，可以推断出国际市场一体化在对地方政府支出的影响上更多地体现了效率效应；而国内市场一体化虽然抑制了地方政府总体支出规模，但是同时也抑制了政府生产性支出，更多地体现了国内市场一体化在降低地方重复建设，特别是基础设施建设方面的作用。

第三节 市场一体化对政府支出的内生性分析

我们认为，不仅市场是否整合这一外部环境因素会影响地方政府对支出规模和结构的选择，地方政府所实施的财政政策同时也会反过来影响市场一体化程度。因此，为了缓解反向因果以及遗漏变量等所带来的内生性问题，本书利用构造市场一体化工具变量的方法以及使用系统GMM估计动态面板来缓解计量模型的内生性。

一、工具变量法

我们参照黄玖立和李坤望（2006）以及吕越等（2018）的做法，使用各省区市到海岸线距离的倒数作为国际市场一体化的工具变量以及各省区市的平均海拔作为国内市场一体化的工具变量，对模型进行重新估计。

我们使用工具变量法对模型进行两阶段最小二乘法估计，重新考察了国际和国内市场一体化对地方政府支出规模和结构的影响效应，估计结果见表4-4。表4-4的第（1）—（3）栏报告了国际和国内市场整合对地方政府总支出影响效应的检验结果。与固定效应的结果类似，国内地区市场整合的系数在0.05%的水平上显著为负，意味着国内市场整合程度对地方政府支出规模有着明显的约束作用。与此同时，我们发现，国际市场整合程度的两个代理指标——贸易开放度和外国直接投资，其中贸易开放度的系数在0.05%水平上显著为负，而国外直接投资系数为负但并不显著，这意味着对外贸易越开放，地方政府的支出规模越小。总体而言，使用工具变量（Instrumental Variable，IV）估计后，各市场一体化指标系数的绝对值出现了较大的提升。

表4-4　市场一体化与政府支出规模（工具变量法）

项目	（1）	（2）	（3）
	Totalpsgdp	Totalpsgdp	Totalpsgdp
DMI	-0.0788**	-0.0738**	-0.0813**
	（0.031）	（0.035）	（0.032）
Trade	-0.1359**	——	-0.1294*
	（0.068）	——	（0.068）
FDI	——	-0.0440	-0.0340
	——	（0.051）	（0.056）
Gdppc	0.0301**	0.0249**	0.0301*
	（0.019）	（0.018）	（0.019）
Urban	-0.6497***	-0.5747***	-0.6536***
	（0.152）	（0.162）	（0.154）
Density	0.0035**	0.0012*	0.0034*
	（0.012）	（0.010）	（0.012）
First	-0.0309**	-0.0312**	-0.0277**
	（0.041）	（0.041）	（0.041）
观测值	11,353	11,353	11,353
县（市）效应	是	是	是
时间趋势	是	是	是

我们同样使用工具变量法重新考察了国际和国内市场一体化对地方政府支出结构的影响作用，估计结果见表4-5。表4-5第（1）—（3）栏汇报了市场整合对政府生产性支出在GDP中占比的影响效应。和固定效应模型类似，我们同样发现，虽然国际和国内市场整合都显著地缩小了政府的支出规模，但是

对政府的支出结构却有截然不同的影响效应。首先，国内市场整合对生产性支出有一定的抑制作用，总体在0.1%的水平上显著。而对于国际市场一体化来说，贸易开放度和外国直接投资系数一个为正一个为负，但在统计意义上都不显著，这意味着没有发现证据证明国际市场一体化水平对地方政府支出结构有影响效应。接下来，第（4）—（6）栏汇报了市场整合对政府社会福利支出在GDP中占比的影响效应。可以看到，国内市场一体化对社会福利支出没有产生显著的影响，而贸易开放度和外国直接投资均对社会福利支出产生了显著的负面效应，两个变量的系数总体在0.01%水平上显著为负。由此我们可以得出结论，国内市场整合降低了地方政府的生产性支出，国际市场整合没有显著影响。同时，国际市场整合程度对地方政府的社会福利支出没有显著影响，而国际贸易和外国直接投资却显著地抑制了社会福利支出水平。

表4-5第（7）—（12）栏汇报了国内和国际市场整合对政府不同支出类别在总支出中占比影响的工具变量估计结果。其中第（7）—（9）栏汇报了市场整合对政府生产性支出在总支出中占比的影响效应。首先，国内市场整合对生产性支出的系数在0.1水平上显著为负，而对于国际市场一体化来说，贸易开放度和外国直接投资对地方政府的生产性支出的系数显著为正。接下来，第（10）—（12）栏汇报了市场整合对政府社会福利支出在政府总支出中占比的影响效应。可以看到，国内市场一体化对社会福利支出的影响系数为正但并不显著，而贸易开放度和外国直接投资均对社会福利支出有十分显著的负面影响，系数均在0.01%水平上显著为负。由此我们可以得出，国内市场整合对地方政府生产性支出在总支出中的占比有微弱的抑制作用。而国际市场整合中的国际贸易和外国直接投资则显著地提升了地方政府的总支出中生产性支出的占比，同时也显著降低了地方政府社会福利支出的占比。

从整体上来看，表4-5的回归结果表明，国内市场一体化在一定程度上降低了地方政府生产性支出在GDP中的占比，对社会福利支出却没有显著的影响；从国际市场一体化对政府支出结构的影响作用来看，贸易开放度和外国直接投资同时显著地抑制了社会福利支出，但是我们没有得到国际市场整合对生产性支出影响的证据。与此同时，从政府支出组合的角度来看，国内市场一体化对地方政府生产性支出在总支出中的占比有微弱的负面影响；国际一体化中

表4-5　市场一体化与政府支出结构（工具变量法）

项目	（1）Propsgdp	（2）Propsgdp	（3）Propsgdp	（4）Socialpsgdp	（5）Socialpsgdp	（6）Socialpsgdp	（7）Prototalps	（8）Prototalps	（9）Prototalps	（10）Socialtotalps	（11）Socialtotalps	（12）Socialtotalps
DMI	-0.1312*	-0.1432***	-0.1341*	0.0142	-0.0142	0.0016	-0.1329*	-0.1204*	-0.1217*	0.1105	0.0997	0.0943
	（0.077）	（0.042）	（0.075）	（0.089）	（0.062）	（0.089）	（0.070）	（0.062）	（0.063）	（0.090）	（0.063）	（0.090）
Trade	0.0094	—	0.0183	-0.1935***	—	-0.2278**	0.2496**	—	0.2773***	-0.4071***	—	-0.4459***
	（0.144）	—	（0.137）	（0.075）	—	（0.089）	（0.108）	—	（0.081）	（0.130）	—	（0.133）
FDI	—	-0.0427	-0.0275	—	-0.2499***	-0.2382***	—	0.2525***	0.2349**	—	-0.3845***	-0.3587***
	—	（0.066）	（0.068）	—	（0.086）	（0.080）	—	（0.097）	（0.074）	—	（0.088）	（0.075）
观测值	11,423	11,423	11,423	10,738	10,738	10,738	11,423	11,423	11,423	10,738	10,738	10,738
控制变量	是	是	是	是	是	是	是	是	是	是	是	是
县（市）	是	是	是	是	是	是	是	是	是	是	是	是
时间趋势	是	是	是	是	是	是	是	是	是	是	是	是

的贸易开放度和外国投资却显著提高了生产性支出在政府总支出中的占比,同时也显著抑制了社会福利支出。总而言之,工具变量估计的结果表明,国内市场一体化在一定程度上降低了地方政府生产性支出在GDP和总支出中的占比;国际市场一体化显著地提升了地方政府生产性支出在总支出中的占比,并且显著约束了地方政府社会福利支出在GDP和总支出中的占比。

二、动态面板

由于当前政府支出规模和结构会受到上一期的支出规模和结构的影响,我们进一步在模型中加入被解释变量政府支出规模的滞后项来构成动态面板,采用系统GMM进行估计。

我们使用系统GMM重新估计了国际和国内市场一体化对地方政府支出规模和结构的影响效应,估计结果见表4-6。表4-6的第(1)—(3)栏报告了在解释变量中加入滞后一期政府支出规模后,国际和国内市场整合对地方政府总支出影响效应的系统GMM检验结果。我们可以看到,上一期的政府支出规模($L.totalpsgdp$)对当期政府支出规模有着非常显著的正向相关性。而国内地区市场整合的系数显著性出现了明显的下降,仅在0.1%的水平上为负,意味着国内市场整合程度对地方政府支出规模仅有一定的抑制作用。国际市场整合程度的两个代理指标——贸易开放度和外国直接投资,依旧显示了极为显著的负向作用。因此我们可以得出,国际市场一体化水平显著地抑制了地方政府的支出规模,而国内市场一体化水平仅在一定程度上降低了总支出水平。

表4-6　市场一体化与政府支出规模(动态面板)

项目	(1)	(2)	(3)
	Totalpsgdp	*Totalpsgdp*	*Totalpsgdp*
L.totalpsgdp	0.954***	0.942***	0.953***
	(0.051)	(0.076)	(0.052)
DMI	−0.016	−0.030*	−0.018*
	(0.010)	(0.015)	(0.010)
Trade	−0.146**	——	−0.142**
	(0.055)	——	(0.054)
FDI	——	−0.100***	−0.150**
	——	(0.036)	(0.059)

续表

项目	（1）Totalpsgdp	（2）Totalpsgdp	（3）Totalpsgdp
Gdppc	0.128**（0.055）	0.125**（0.051）	0.128**（0.055）
Urban	-0.033（0.045）	-0.035（0.040）	-0.033（0.046）
Density	-0.007（0.023）	0.003（0.009）	-0.009（0.024）
First	0.013（0.031）	0.049（0.033）	0.012（0.030）
观测值	10,251	9,875	9,875
县（市）效应	是	是	是
时间趋势	是	是	是
Hansen	25.10（0.198）	22.98（0.290）	25.27（0.191）
AR（1）	-3.72***（0.000）	-3.63***（0.000）	-3.73***（0.000）
AR（2）	-1.41（0.158）	-1.49（0.135）	-1.44（0.151）

第四节　本章小结

本章从市场一体化的角度考察了中国地方政府支出政策的外部环境影响因素。实证研究发现，1998—2006年各省区市的国际和国内市场一体化水平均在一定程度上对地方政府总体支出规模有约束作用，暗示了"效率假说"在中国占据主导地位。因此，我们进一步考察了市场一体化对地方政府支出结构的影响效应。研究结果发现，虽然国际市场一体化和国内市场一体化都抑制了政府总支出，但是这两种一体化力量对政府支出结构却有着截然不同的作用。国际市场一体化水平显著提升了地方政府生产性支出水平，同时也显著降低了地方政府社会福利相关支出水平，为国际市场一体化的效率效应提供了强有力的经验证据。而国内市场一体化虽然从总体上降低了地方政府支出规模，似乎也体现了国内市场一体化的效率效应，但是进一步从政府支出结构来看，国内市场一体化降低了政府生产性支出在GDP中的占比而对社会福利支出的两种衡量方法均没有显著影响，因此，并没有提供"效率假说"的证据。我们认为，国内市场一体化对地方政府支出的抑制作用更多体现在减少重复建设进而缩小总支出规模上。

第五章

市场一体化对企业创新的影响

企业创新能力决定企业能否在市场竞争中生存下来，取得市场占有率和价值以及获得高额的投资回报。同时，作为经济增长的重要驱动力，企业技术创新能力更是一个国家能否实现经济可持续发展的决定力量，而且进一步决定了中国能否成功走出"中等收入陷阱"，迈入发达国家的行列。如今，中国的经济已经从飞速增长期步入了中高速增长期的新常态，然而中国本土企业的传统竞争优势在不断消减，同时企业的自主创新能力仍然较为薄弱。已有大量文献关注了企业特征、高管特质、企业治理等多种因素对企业创新绩效的影响，却鲜有研究考察市场整合是如何塑造企业的创新战略和水平的。因此，本章尝试从企业外部市场环境出发，实证考察市场整合对企业创新绩效的具体影响效应。

第一节　研究设计

一、模型设定

为了检验市场整合对微观企业创新活动产生的影响效应，本书构建了如下基准回归模型：

$$Innovation_{i,t} = \alpha + \beta Global_{j,t-1} + \gamma Domestic_{j,t-1} + \rho Controls_{i,t-1}$$
$$+ \theta Province_j + \delta Industry_k + \phi Year_t + \varepsilon_{i,t}$$

其中，下标 i，j，t 分别表示企业、企业所在的省区市以及年份。$Innovation_{i,t}$ 代表企业的创新产出，$Global_{j,t-1}$ 和 $Domestic_{j,t-1}$ 分别代表各省区市国际市场整合程度和国内市场整合程度，$Controls_{i,t-1}$ 代表公司特征的一系列变量。模型还控制了企业所属的省份效应（$Province$）、行业效应（$Industry$）以及年份效应（$Year$），$\varepsilon_{i,t}$ 为随机扰动项。此外，为了消除样本离群值的影响，本书对所有连续变量在 99% 和 1% 分位处进行了缩尾处理。

本书重点关注的系数 β（γ）衡量了国际（国内）市场整合对企业创新的影响的程度。当 β（γ）显著为正时，则表示国际（国内）市场整合程度的增强能够显著地提升企业的创新能力；当 β（γ）显著为负时，则表示国际（国内）市场整合程度的增强会显著降低企业的创新产出水平；当 β（γ）不显著时，则表示国际（国内）市场整合程度对企业创新产出没有显著影响。

二、变量选取

1.被解释变量

模型中的被解释变量（$Innovation$）是企业的创新能力，使用了企业 i 在第 t 年的创新产出水平，用企业在当年所有申请专利中最终所获得授权的专利数量来衡量。这里采用企业专利授权量作为企业创新活动的代理变量主要是因为：第一，企业专利授权量比起企业研发投入强度，能更准确地衡量企业创新活动的质量。研发投入强度仅仅衡量了企业对自身创新活动的资源投入情况，而企业所获得的专利授权量能更为直接地衡量出企业创新活动水平的高低。第二，企业研发投入数据缺失情况较为严重，而企业专利数据所覆盖的年限长度和质量要明显好于研发投入的数据。第三，企业研发投入的数据是企业自愿披露的，没有披露研发投入的企业未必代表这些公司就没有进行创新活动，这样容易造成数据的测量误差。因此，我们决定采用企业专利授权量作为企业创新活动的代理变量。我们采用了企业当年所申请的专利中三种类型专利授权总量（*Patent_all*），还在异质性分析中进一步将专利授权总量根据专利类型分为两大类，即发明专利授权量（*Patent_inv*）和渐进式专利授权量（*Patent_inc*）。其中，渐进式专利授权量是实用新型专利授权量和外观设计专利授权量的总和。

2.解释变量

模型中我们所关注的两个主要解释变量为省级层面的市场整合程度，分别是国际市场整合程度（*Global*）和国内市场整合程度（*Domestic*）。其中，国际市场整合程度主要从两方面来衡量，即贸易开放度和实际直接利用外资额。贸易开放度采用各地区进出口总额占当地GDP的比重进行衡量，同时实际直接利用外资额也采用GDP去纲量化处理。此外，我们在后续的异质性分析中又进一步将贸易开放度细化为进口开放度（*Import*）和出口开放度（*Export*）两个维度。由于第三章中我们计算的是地区市场分割指标，为了与国际市场整合程度指标统一，便于解释和比较，在这里我们将地区市场分割指标转换为地区市场整合程度指标，具体计算方式为$\sqrt{1/DMS}$。

3.控制变量

本书在模型中引入一系列企业层面的控制变量（*Controls*），包括：使用企业总资产的自然对数（*Size*）作为企业规模的代理变量；根据企业成立年份计算出企业的年龄（*Age*）作为企业发展阶段的代理变量；使用企业人均固定资产净值（*Fix*）作为企业资本密度的代理指标；使用企业资产负债率（*Lev*）作为企业资本结构的代理指标；采用企业总资产收益率（*Roa*）来体现企业的盈利状况。

本书主要使用的被解释变量、解释变量和控制变量的名称、符号及其定义见表5-1。

表5-1　主要变量及定义

变量类型	变量名称	变量符号	变量定义
被解释变量	专利授权总量	Patent_all	当年授权专利数量
	发明专利授权数量	Patent_inv	当年授权发明专利数量
	渐进式专利授权数量	Patent_inc	当年授权实用新型和外观设计专利数量
解释变量	贸易开放度	Trade	进出口总量/GDP
	进口开放度	Import	进口总量/GDP
	出口开放度	Export	出口总量/GDP
	实际直接利用外资额	FDI	实际直接利用外资额/GDP
	国内市场整合	DMI	作者计算所得
控制变量	企业规模	Size	ln（总资产）
	企业年龄	Age	ln（观测年份－企业成立年份）
	人均固定资产净值	Fix	固定资产净值/员工人数
	资产负债率	Lev	总负债/总资产
	总资产收益率	Roa	净利润/总资产

三、数据来源和描述性统计

本研究所使用的数据来源：企业创新数据主要来自中国研究数据服务平台（CNRDS），该数据库提供了中国上市企业专利授权量具体数据；上市企业一系列财务指标来自Wind数据库和国泰安（CSMAR）数据库。我们选取2006—2019年中国沪深A股上市公司进行研究，经过如下筛选：（1）剔除控制变量数据缺失严重的样本；（2）剔除金融类上市公司；（3）剔除在样本观测期内被ST、*ST处理的公司，最终得到了2256个上市公司和13761个样本观测值。

表5-2报告了本书回归模型中主要变量的基本描述性统计量，包括样本观测值、平均值、标准差以及各个变量的最小值和最大值。其中，上市公司样本总专利授权量（Patent_all）的平均值为16.92，标准差为98.18；发明专利授权量（Patent_inv）的平均值为3.87，标准差为59.07；实用新型和外观设计专利授权量（Patent_inc）的平均值为13.05，标准差为66.89，说明不同企业的创新产出水平存在比较大的差异。

表5-2　主要变量描述性统计

变量	观测值	平均值	标准差	最小值	最大值
Patent_all	13761	16.92	98.18	0	4033
Patent_inv	13761	3.87	59.07	0	3589
Patent_inc	13761	13.05	66.89	0	2551
DMI	13761	71.92	29.28	17.40	196.12
Trade	13761	0.55	0.48	0.04	1.80
Export	13761	0.29	0.24	0.01	0.92
Import	13761	0.26	0.29	0.01	1.42
FDI	13761	0.03	0.018	0	0.15
Size	13761	5483.77	16062.60	15	511631
Age	13761	13.16	5.33	1	56
Fix	13756	385.02	1236.92	2	47317
Lev	13760	0.43	0.21	0.05	1.11
Roa	13760	0.08	0.06	0	0.32

第二节　市场一体化对企业创新影响的实证分析

本书首先对基准模型进行回归，估计结果见表5-3。表5-3第（1）—（3）栏报告了国际和国内市场整合对企业专利授权总量影响的固定效应模型的检验结果。由估计结果可知，地区市场整合的系数为负但并不显著，意味着国内市场整合程度对企业专利授权总量没有明显的影响。与此同时，我们发现国际市场整合程度的两个代理指标——贸易开放度和外国直接投资，其中贸易开放度系数为正但并不显著，而外国直接投资的系数在0.05%的水平上显著为正，意味着外国直接投资的增加在一定程度上提升了本土企业的创新产出。但是，当我们在模型中同时加入贸易开放度和外国直接投资时，外国直接投资的显著性消失，这极有可能是这两个变量之间存在高度相关性和共线性所造成的。

接着我们来看控制变量的回归结果。首先，企业总资产和总资产收益率的系数均显著为正，意味着企业规模越大、盈利状况越好，越有益于企业创新能力的提升。其次，企业年龄和企业人均固定资产净值的系数为负，意味着对于处于成熟阶段的企业和资本密度较高的企业来说，它们的专利授权量反而处于一个更低的水平。最后，企业的资产负债率对企业创新水平没有显著影响。

当因变量是计数模型时，例如本书的专利数量，此时继续采用传统的线性回归模型可能是不适用的。因为当我们对因变量，即企业当年专利授权量取对数时，会遇到大量零值的情况。此外，本模型中专利授权数量的方差明显大于期望值，故此，我们尝试使用负二项回归对模型进行重新估计。表5-3的第（4）—（6）栏汇报了负二项回归结果，结果与固定效应模型类似。国内市场整合程度对企业专利授权总量没有显著影响。国际市场整合程度中仅有外国直接投资对企业专利授权总量有正面影响作用，显著性较固定效应模型降低到0.1%的水平。

从整体上来看，表5-3的回归结果表明，国内市场整合程度对上市企业当年专利授权总量没有显著影响，而外国直接投资在一定程度上提升了企业专利授权总量。

表5-3　市场一体化与企业专利授权总量

项目	（1） Patent_all	（2） Patent_all	（3） Patent_all	（4） Patent_all	（5） Patent_all	（6） Patent_all
DMI	−0.0206 （0.038）	−0.0384 （0.038）	−0.0333 （0.038）	−0.0516 （0.059）	−0.0839 （0.054）	−0.0798 （0.052）
Trade	0.1126 （0.071）	——	0.0751 （0.075）	0.0955 （0.092）	——	0.0459 （0.096）
FDI	——	0.0770** （0.036）	0.0615 （0.038）	——	0.1028* （0.053）	0.0933* （0.055）
Size	0.7248*** （0.025）	0.7239*** （0.025）	0.7237*** （0.025）	0.7964*** （0.025）	0.7956*** （0.025）	0.7954*** （0.025）
Age	−0.0298*** （0.067）	−0.0282*** （0.067）	−0.0289*** （0.067）	−0.1595** （0.073）	−0.1591** （0.073）	−0.1596** （0.073）
Fix	−0.2424*** （0.027）	−0.2400*** （0.027）	−0.2401*** （0.027）	−0.3050*** （0.033）	−0.3008*** （0.032）	−0.3010*** （0.032）
Roa	0.0553*** （0.019）	0.0571*** （0.019）	0.0573*** （0.019）	0.0521** （0.024）	0.0545** （0.023）	0.0544** （0.023）
Lev	0.0225 （0.032）	0.0224 （0.032）	0.0229 （0.032）	−0.0132 （0.038）	−0.0129 （0.038）	−0.0130 （0.038）

续表

项目	（1）	（2）	（3）	（4）	（5）	（6）
	Patent_all	Patent_all	Patent_all	Patent_all	Patent_all	Patent_all
观测值	17,852	17,627	17,627	17,852	17,627	17,627
省份	是	是	是	是	是	是
行业	是	是	是	是	是	是
年份	是	是	是	是	是	是

第三节　市场一体化对企业创新影响的异质性分析

一、专利类别

由于不同类别的专利价值不同，用于衡量企业创新水平高低的贡献也不同。因此，本书在分析市场整合对企业创新专利产出总量影响的基础上，进一步考察了市场整合对企业不同类型专利授权量的差异性效应。企业的专利授权可以分为三种类型：发明专利、实用新型专利以及外观设计专利。其中，发明专利的申请条件以及授权的过程相较于其他两种专利类型更为严格，因此，发明专利可以被认为是三种专利类型中质量最高的、更能代表企业的创新能力的专利类型。为了考察市场整合对企业不同层次创新能力的影响，本书将企业专利授权量划分为两大类，即激进创新（radical innovation）和增量创新（incremental innovation）产出。其中激进创新产出用企业年度发明专利授权量加以衡量，增量创新产出则包括了企业年度实用新型专利和外观设计专利授权量。

表5-4为国内和国际市场整合对企业不同类别创新产出的影响。其中第（1）—（3）栏汇报了市场整合对企业激进创新产出的影响效应。我们发现有意思的是，虽然国内市场整合对企业专利授权总量没有产生显著的影响，却对企业发明专利授权量有着显著的抑制作用。同时，与企业专利授权总量类似，国际市场整合两个代理变量中仅有外国直接投资的系数为正，在0.05%的水平

上显著。表5-4的第（4）—（6）栏报告了市场整合对企业增量创新产出的影响。国内市场整合对企业增量创新产出的效应仍不明显，外国直接投资对企业增量创新产出有正向效应，在0.05%的水平上显著。由此我们可以得出，国内市场整合仅对企业激进创新产出有显著的负面影响，对增量创新产出没有影响。

表5-4　市场一体化与不同企业专利授权类型

项目	（1）Patent_inv	（2）Patent_inv	（3）Patent_inv	（4）Patent_inc	（5）Patent_inc	（6）Patent_inc
DMI	-0.0080** (0.032)	-0.0161** (0.032)	-0.0134** (0.033)	-0.0329 (0.039)	-0.0517 (0.039)	-0.0522 (0.036)
Trade	0.0674 (0.053)	——	0.0653 (0.053)	0.1072 (0.071)	——	0.1053 (0.071)
FDI	——	0.0626** (0.028)	0.0647** (0.028)	——	0.0780** (0.036)	0.0913** (0.036)
Size	0.0174** (0.054)	0.0177*** (0.054)	0.0176** (0.054)	0.0170*** (0.068)	0.0154** (0.068)	0.0159** (0.065)
Age	-0.5456 (0.025)	-0.5433 (0.025)	-0.5446 (0.027)	-0.6791*** (0.026)	-0.6793*** (0.026)	-0.6793*** (0.026)
Fix	-0.0133** (0.015)	-0.0147* (0.015)	-0.0142** (0.015)	-0.0437** (0.020)	-0.0455** (0.020)	-0.0447** (0.021)
Roa	0.0111** (0.026)	0.0108*** (0.026)	0.0107** (0.026)	0.0344** (0.030)	0.0342*** (0.030)	0.0342** (0.030)
Lev	-0.1457 (0.020)	-0.1417* (0.020)	-0.1437 (0.022)	-0.2383 (0.026)	-0.2368 (0.026)	-0.2368 (0.026)
观测值	17,852	17,627	17,627	17,852	17,627	17,627
省份	是	是	是	是	是	是
行业	是	是	是	是	是	是
年份	是	是	是	是	是	是

我们来看控制变量的回归结果。首先，企业总资产和总资产收益率的系数与企业专利授权总量类似，对企业激进创新产出和增量创新产出有显著正面影响，意味着企业规模越大、盈利状况越好，越有利于企业两种类型的创新产出的提升。其次，企业人均固定资产净值的系数为负，意味着对于资本密度较高的企业来说，无论是企业激进创新产出还是增量创新产出都处于一个更低的水平。最后，企业的资产负债率对企业的两种创新产出都没有显著影响。与企业

专利授权总量不同的是，企业年龄仅仅对企业增量创新产出有显著约束作用，即处于成熟阶段的企业，他们的增量创新产出水平较低。

从整体上来看，表5-4的回归结果表明，国内市场整合程度仅对上市企业当年发明专利授权量有一定的抑制作用，而对增量专利授权量没有显著影响。国际市场一体化中的外国直接投资则对企业激进创新产出和增量创新产出均有一定程度的提升作用。

二、企业类别

除不同类型专利外，我们还考察了市场整合对不同所有制企业的差异性影响。表5-5中的第（1）—（2）栏、第（3）—（4）栏和第（5）—（6）栏分别汇报了市场整合对国有企业年度专利授权总量、激进创新类专利授权量以及增量创新类专利授权量的影响效应。从表中可以看出，对于国有企业来说，无论是专利授权总量，还是激进创新产出和增量创新产出，均不受国际和国内市场整合程度的影响。这很大程度上是因为地方政府出于财政激励抑或是政治激励，都会有动机去发展当地经济和保证当地企业特别是国有企业的发展。在地方保护主义政策下，国有企业所面临的市场竞争和生存压力远远小于其他类型企业。因此，国有企业受到市场环境的影响较小，甚至根本不会受到任何影响。

我们来看控制变量的回归结果。首先，对于国有企业来说，企业总资产的系数显著为正，意味着企业规模越大，越有利于国有企业的创新产出水平的提升。其次，企业人均固定资产净值的系数为负，意味着对于资本密度较高的国有企业来说，它们的创新产出水平较低。此时，国有企业的年龄、总资产收益率以及资产负债率对创新产出水平均没有显著影响。

表5-5　市场一体化与国有企业创新产出

项目	（1）	（2）	（3）	（4）	（5）	（6）
	Patent_all	Patent_all	Patent_inv	Patent_inv	Patent_inc	Patent_inc
DMI	0.0189	0.0235	−0.1103	−0.1035	0.0308	0.0297
	（0.071）	（0.073）	（0.095）	（0.096）	（0.085）	（0.089）
Trade	−0.0907	——	0.0607	——	−0.1163	——
	（0.108）		（0.128）		（0.127）	

续表

项目	（1）Patent_all	（2）Patent_all	（3）Patent_inv	（4）Patent_inv	（5）Patent_inc	（6）Patent_inc
FDI	——	−0.0538	——	0.0913	——	−0.0832
	——	（0.064）	——	（0.074）	——	（0.078）
Size	0.7415***	0.7395***	0.7568***	0.7519***	0.7462***	0.7456***
	（0.040）	（0.040）	（0.051）	（0.051）	（0.045）	（0.045）
Age	−0.2103	−0.2101	−0.3381*	−0.3416*	−0.2028	−0.1961
	（0.163）	（0.162）	（0.177）	（0.175）	（0.176）	（0.175）
Fix	−0.2325***	−0.2296***	−0.1836***	−0.1761***	−0.2303***	−0.2284***
	（0.049）	（0.049）	（0.063）	（0.062）	（0.053）	（0.053）
Roa	−0.0020	0.0032	0.0151	0.0183	−0.0164	−0.0091
	（0.034）	（0.034）	（0.039）	（0.038）	（0.037）	（0.037）
Lev	−0.0540	−0.0485	−0.0636	−0.0489	−0.0539	−0.0537
	（0.075）	（0.076）	（0.102）	（0.099）	（0.086）	（0.087）
观测值	5,657	5,583	5,657	5,583	5,657	5,583
省份	是	是	是	是	是	是
行业	是	是	是	是	是	是
年份	是	是	是	是	是	是

同样地，表5-6的第（1）—（2）栏、第（3）—（4）栏和第（5）—（6）栏分别汇报了市场整合对民营企业年度专利授权总量、激进创新类专利授权量以及增量创新类专利授权量的影响效应。我们可以看出，国内市场整合对民营企业专利授权总量没有显著影响，其中，国内市场整合对民营企业的激进创新产出有显著的负面影响，对增量创新产出没有显著的影响。从国际市场整合角度来看，贸易开放度在一定程度上能提升民营企业的总体创新产出水平，而外国直接投资对民营企业总体创新水平，特别是增量创新产出有着显著的提升作用。

我们再来看控制变量的回归结果。首先，对于国有企业来说，企业总资产的系数在专利授权总量和两种专利授权类型中都显著为正，意味着企业规模越大越有利于国有企业的创新产出水平的提升。其次，企业人均固定资产净值的系数在专利授权总量和两种专利授权类型中都显著为负，这意味着对于资本密度较高的国有企业来说，它们的创新产出水平较低。国有企业的资产负债率对创新产出水平没有显著影响。最后，国有企业的年龄对总体创新产出水平和增量创新产出水平有负面作用，即越是处于成熟阶段的企业，它们专利授权总量，特别是实用新型和外观设计专利的授权量就越少。国有企业总资产收益率对总体创新产出水平和激进创新产出水平的系数在 0.1% 的水平上显著为正，这意味着拥有较高资产收益率对国有企业专利授权总量，特别是发明专利授权量有一定的推动作用。

表5-6　市场一体化与民营企业创新产出

项目	（1）Patent_all	（2）Patent_all	（3）Patent_inv	（4）Patent_inv	（5）Patent_inc	（6）Patent_inc
DMI	-0.0680	-0.1165	-0.1545**	-0.1771**	-0.0461	-0.1026
	（0.066）	（0.061）	（0.071）	（0.070）	（0.075）	（0.071）
Trade	0.1978*	——	0.2054	——	0.1987	——
	（0.117）	——	（0.150）	——	（0.132）	——
FDI	——	0.1678***	——	0.0899	——	0.1959***
	——	（0.061）	——	（0.071）	——	（0.068）
Size	0.7441***	0.7404***	0.7705***	0.7656***	0.7412***	0.7377***
	（0.034）	（0.033）	（0.040）	（0.040）	（0.037）	（0.037）
Age	-0.1969**	-0.1928**	0.0458	0.0540	-0.2250**	-0.2211**
	（0.089）	（0.090）	（0.104）	（0.105）	（0.099）	（0.099）
Fix	-0.2912***	-0.2851***	-0.1659***	-0.1603***	-0.3245***	-0.3174***
	（0.039）	（0.039）	（0.042）	（0.041）	（0.044）	（0.043）
Roa	0.0518*	0.0515*	0.0555*	0.0553*	0.0489	0.0493
	（0.028）	（0.028）	（0.033）	（0.033）	（0.031）	（0.031）
Lev	0.0561	0.0549	0.0198	0.0168	0.0721	0.0722
	（0.045）	（0.045）	（0.052）	（0.052）	（0.051）	（0.051）
观测值	10,183	10,056	10,183	10,056	10,183	10,056
省份	是	是	是	是	是	是
行业	是	是	是	是	是	是
年份	是	是	是	是	是	是

由此我们可以看出，市场整合程度对不同所有制企业的影响有着非常大的差异化效应。国有企业的创新产出水平基本不受国际和国内市场整合程度的影响，而国际市场一体化中的外国直接投资显著提升了民营企业的总体创新产出水平，特别是增量创新产出水平。同时，国内市场一体化对民营企业的发明专利授权量有显著的负面影响。

三、行业类别

本书考察了市场整合对不同行业类型企业创新产出的差异性影响。由此，我们将企业分为三个行业类别，分别是劳动密集型企业、资本密集型企业、技术密集型企业。

表 5-7 显示了市场整合对劳动密集型企业创新产出数量和水平的影响。国内市场整合对劳动密集型企业总体创新产出数量有负面作用，也同时抑制了劳动密集型企业的激进创新产出和增量创新产出水平。其中，国内市场整合对激进创新产出的抑制作用更为明显，具体表现为：系数在 0.01% 水平上显著为负，而增量创新产出的系数仅在 0.1% 水平上显著为负。我们接着来看劳动密集型企业中控制变量的回归结果。大部分控制变量，如企业人均固定资产净值、企业资产负债率以及企业年龄，对劳动密集型企业的专利授权总量和两种专利授权类型均没有显著影响。而企业总资产的系数在企业专利授权总量和两种专利授权类型中都显著为正，这意味着企业规模越大越有利于劳动密集型企业的创新产出水平的提升。企业总资产收益率仅仅对劳动密集型企业的增量创新产出有负面阻碍效应。

表 5-8 显示了市场整合对资本密集型企业创新产出数量和水平的影响。由表 5-8 可以看出，国内市场整合对劳动密集型企业总体创新产出，以及激进创新产出和增量创新产出都没有显著影响。国际市场整合程度的两个代理变量中仅有贸易开放度对劳动密集型企业总体创新产出数量，特别是增量创新产出数量有显著的正面推动作用，而外国直接投资对其没有影响。我们再来看资本密集型企业中控制变量的回归结果。首先，与劳动密集型企业中大部分控制变量均不显著的情形不同的是，仅有企业年龄是不显著的。与劳动密集型企业类似，企业总资产的系数在企业专利授权总量和两种专利授权类型中都显著为正，意味着企业规模越大越有利于资本密集型企业的创新产出水平的提升。其次，企业人均固定资产净值和企业资产负债率对资本密集型企业的专利授权总量以及激进和增量创新产出都产生约束作用。最后，企业总资产收益率对资本密集型企业的专利授权总量，特别是激进创新产出有正面推动作用。

表 5-9 展示了市场整合对技术密集型企业创新产出数量和水平的影响效

应。从结果可以看出，国内市场整合对技术密集型企业总体创新产出以及激进创新产出和增量创新产出有微弱的负面影响。从国际市场整合程度来看，贸易开放度没有显著影响，而外国直接投资为技术密集型企业的总体专利授权量和两种不同类型的专利授权量带来了极为显著的提升作用。我们最后来看技术密集型企业中控制变量的回归结果。与劳动密集型和资本密集型企业相同，企业总资产的系数在企业专利授权总量和两种专利授权类型中都显著为正，意味着企业规模越大越有利于技术密集型企业的创新产出水平的提升。企业资产负债率仅对技术密集型企业的增量创新产出有推动作用。相反地，企业人均固定资产净值对技术密集型企业的专利授权总量和两种专利授权类型都有显著的负面影响。而企业年龄对企业总体创新水平，特别是企业增量创新水平有阻碍作用，这意味着越是处于成熟期的企业，它们的专利授权总量，特别是实用新型专利以及外观设计专利授权量越低。企业总资产收益率对技术密集型企业创新产出水平的影响不显著。

　　总而言之，国内市场整合对劳动密集型企业的总体创新产出数量，特别是激进创新产出数量有着较为明显的抑制作用。贸易开放度对资本密集型企业的总体创新产出水平，尤其是增量创新产出水平有较为显著的促进作用，外国直接投资对技术密集型企业的总体专业授权量和两种不同类别的专利授权量都有着显著的提升作用。

表5-7 市场一体化与劳动密集型企业创新产出

项目	(1) Patent_all	(2) Patent_all	(3) Patent_all	(4) Patent_inv	(5) Patent_inv	(6) Patent_inv	(7) Patent_inc	(8) Patent_inc	(9) Patent_inc
DMI	-0.3166***	-0.2681***	-0.2684***	-0.5890***	-0.5078***	-0.5331***	-0.2600**	-0.2080*	-0.1974*
	(0.108)	(0.102)	(0.101)	(0.186)	(0.184)	(0.183)	(0.118)	(0.114)	(0.113)
Trade	-0.1164	—	-0.0040	-0.4575	—	-0.4089	-0.0078	—	0.1319
	(0.235)		(0.231)	(0.339)		(0.314)	(0.244)		(0.244)
FDI	—	-0.2387*	-0.2379**	—	-0.2973*	-0.2328	—	-0.2469*	-0.2727**
		(0.122)	(0.119)		(0.181)	(0.165)		(0.132)	(0.133)
Size	0.6522***	0.6630***	0.6630***	0.8053***	0.8106***	0.8116***	0.6170***	0.6314***	0.6300***
	(0.084)	(0.086)	(0.087)	(0.101)	(0.104)	(0.104)	(0.090)	(0.092)	(0.092)
Age	-0.2411	-0.2288	-0.2289	0.1916	0.2255	0.2165	-0.2661	-0.2556	-0.2505
	(0.267)	(0.268)	(0.269)	(0.345)	(0.347)	(0.348)	(0.266)	(0.267)	(0.269)
Fix	0.0369	0.0363	0.0362	0.1224	0.1281	0.1305	0.0050	-0.0017	0.0012
	(0.102)	(0.104)	(0.105)	(0.123)	(0.123)	(0.123)	(0.108)	(0.111)	(0.111)
Roa	0.1277	0.1195	0.1194	0.0043	0.0059	0.0059	0.1581***	0.1440*	0.1466*
	(0.078)	(0.079)	(0.079)	(0.098)	(0.097)	(0.097)	(0.080)	(0.082)	(0.082)
Lev	0.1191	0.1150	0.1149	0.0172	0.0192	0.0153	0.1225	0.1232	0.1245
	(0.105)	(0.106)	(0.106)	(0.149)	(0.149)	(0.149)	(0.114)	(0.115)	(0.115)
观测值	1,951	1,923	1,923	1,951	1,923	1,923	1,951	1,923	1,923
省份	是	是	是	是	是	是	是	是	是
行业	是	是	是	是	是	是	是	是	是
年份	是	是	是	是	是	是	是	是	是

表5-8　市场一体化与资本密集型企业创新产出

项目	（1）Patent_all	（2）Patent_all	（3）Patent_all	（4）Patent_inv	（5）Patent_inv	（6）Patent_inv	（7）Patent_inc	（8）Patent_inc	（9）Patent_inc
DMI	0.0916（0.117）	0.0178（0.106）	0.0419（0.104）	-0.0248（0.090）	-0.0172（0.089）	-0.0153（0.089）	0.1445（0.135）	0.0454（0.126）	0.0842（0.123）
Trade	0.3600**（0.151）	—	0.3755**（0.166）	-0.0116（0.150）	—	0.0436（0.152）	0.5129***（0.165）	—	0.5413***（0.190）
FDI	—	0.0891（0.093）	0.0174（0.103）	—	-0.0874（0.077）	-0.0944（0.079）	—	0.1162（0.107）	0.0098（0.122）
Size	0.7699***（0.050）	0.7708***（0.050）	0.7687***（0.050）	0.7308***（0.055）	0.7260***（0.055）	0.7255***（0.055）	0.7959***（0.058）	0.7972***（0.059）	0.7962***（0.059）
Age	-0.1857（0.137）	-0.1796（0.138）	-0.1883（0.137）	-0.1066（0.158）	-0.1092（0.158）	-0.1102（0.158）	-0.2257（0.163）	-0.2119（0.166）	-0.2280（0.164）
Fix	-0.4864***（0.075）	-0.4803***（0.074）	-0.4810***（0.074）	-0.3243***（0.066）	-0.3203***（0.066）	-0.3201***（0.066）	-0.5287***（0.084）	-0.5204***（0.083）	-0.5235***（0.083）
Roa	0.0716*（0.040）	0.0793*（0.041）	0.0790*（0.040）	0.1008**（0.040）	0.1008**（0.039）	0.1005**（0.039）	0.0512（0.048）	0.0613（0.049）	0.0601（0.049）
Lev	-0.1774**（0.072）	-0.1725**（0.072）	-0.1753**（0.072）	-0.1911**（0.078）	-0.1839**（0.077）	-0.1838**（0.077）	-0.1858**（0.090）	-0.1794**（0.090）	-0.1853**（0.090）
观测值	5,420	5,333	5,333	5,420	5,333	5,333	5,420	5,333	5,333
省份	是	是	是	是	是	是	是	是	是
行业	是	是	是	是	是	是	是	是	是
年份	是	是	是	是	是	是	是	是	是

表5-9 市场一体化与技术密集型企业创新产出

项目	(1) Patent_all	(2) Patent_all	(3) Patent_all	(4) Patent_inv	(5) Patent_inv	(6) Patent_inv	(7) Patent_inc	(8) Patent_inc	(9) Patent_inc
DMI	-0.0690 (0.050)	-0.0890* (0.050)	-0.0954* (0.050)	-0.0895 (0.068)	-0.1202* (0.067)	-0.1103 (0.068)	-0.0956 (0.059)	-0.1129* (0.060)	-0.1219** (0.059)
Trade	0.0326 (0.116)	—	-0.0656 (0.114)	0.2133 (0.148)	—	0.1258 (0.149)	0.0108 (0.127)	—	-0.0886 (0.125)
FDI	—	0.1565*** (0.058)	0.1704*** (0.051)	—	0.1887*** (0.071)	0.1645** (0.066)	—	0.1492** (0.065)	0.1680*** (0.058)
Size	0.8251*** (0.027)	0.8236*** (0.027)	0.8239*** (0.027)	0.9330*** (0.040)	0.9292*** (0.041)	0.9286*** (0.041)	0.7946*** (0.029)	0.7937*** (0.029)	0.7941*** (0.029)
Age	-0.1803** (0.083)	-0.1842** (0.083)	-0.1829** (0.083)	-0.0935 (0.102)	-0.0902 (0.102)	-0.0924 (0.102)	-0.1788** (0.090)	-0.1829** (0.090)	-0.1814** (0.090)
Fix	-0.2301*** (0.032)	-0.2263*** (0.032)	-0.2261*** (0.032)	-0.1805*** (0.044)	-0.1731*** (0.044)	-0.1732*** (0.044)	-0.2419*** (0.033)	-0.2389*** (0.033)	-0.2384*** (0.033)
Roa	0.0336 (0.026)	0.0332 (0.026)	0.0333 (0.026)	0.0247 (0.031)	0.0250 (0.031)	0.0247 (0.031)	0.0314 (0.028)	0.0315 (0.028)	0.0317 (0.028)
Lev	0.0702 (0.044)	0.0697 (0.045)	0.0696 (0.045)	-0.0090 (0.058)	-0.0076 (0.059)	-0.0059 (0.059)	0.0961** (0.048)	0.0951** (0.048)	0.0950** (0.048)
观测值	10,481	10,371	10,371	10,481	10,371	10,371	10,481	10,371	10,371
省份	是	是	是	是	是	是	是	是	是
行业	是	是	是	是	是	是	是	是	是
年份	是	是	是	是	是	是	是	是	是

第四节　市场一体化对企业创新影响的内生性分析

我们分别采取了将主要解释变量与所有控制变量进行滞后一期处理和工具变量法来缓解模型中存在的内生性问题。

一、滞后一期

考虑到企业从研发创新到获得专利授权存在一定时滞性，以及缓解双向因果关系所造成的内生性问题，本书对模型中主要解释变量和所有控制变量进行滞后一期处理。

我们使用滞后一期的主要解释变量和控制变量重新估计了市场一体化对企业创新产出的影响效应，估计结果见表5-10。表5-10的第（1）—（3）栏报告了国际和国内市场整合对企业专利授权总量影响的检验结果。由结果可知，国内市场整合的系数为正但并不显著，这意味着国内市场整合程度对企业专利授权总量没有明显的影响。与此同时，我们发现国际市场整合程度的两个代理指标中贸易开放度系数为正但并不显著，而外国直接投资的系数在0.05%水平上显著为正，这意味着外国直接投资的增加在一定程度上提升了本土企业的创新产出。表5-10的第（4）—（9）栏报告了市场整合对企业激进创新产出和增量创新产出数量影响的检验结果。国内市场整合程度仅对企业激进创新产出有明显抑制作用，在0.01%水平上显著为负，而对企业增量创新产出没有显著影响。国际市场整合程度中仅有外国直接投资对企业激进创新产出和增量创新产出有正面影响作用，其中激进创新产出的显著性较高。

从整体上来看，表5-10滞后一期的回归结果与当期值的结果一致，证实了我们之前所得到的结果是稳健的。具体来说，前一年的国内市场整合程度对上市企业当年专利授权总量没有显著影响，仅对企业发明专利授权量有显著抑制作用；对于国际市场一体化来说，外国直接投资在一定程度上提升了企业专利授权总量及其两个类别。

表5-10 市场一体化与企业专利授权量（滞后一期）

项目	(1) Patent_all	(2) Patent_all	(3) Patent_all	(4) Patent_inv	(5) Patent_inv	(6) Patent_inv	(7) Patent_inc	(8) Patent_inc	(9) Patent_inc
DMI	0.0258	0.0082	0.0069	-0.0523***	-0.0768	-0.0748***	0.0488	0.0306	0.0294
	(0.069)	(0.067)	(0.064)	(0.077)	(0.077)	(0.073)	(0.075)	(0.074)	(0.071)
Trade	0.0435	—	-0.0147	0.0968	—	0.0206	0.0456	—	-0.0126
	(0.106)	—	(0.110)	(0.133)	—	(0.137)	(0.117)	—	(0.121)
FDI	—	0.1010**	0.1035**	—	0.1502**	0.1470**	—	0.1004*	0.1025*
	—	(0.049)	(0.051)	—	(0.062)	(0.064)	—	(0.055)	(0.057)
Size	-0.1504**	-0.1532**	-0.1532**	-0.0670	-0.0705	-0.0706	-0.1488*	-0.1518**	-0.1517*
	(0.072)	(0.072)	(0.072)	(0.090)	(0.089)	(0.089)	(0.078)	(0.077)	(0.077)
Age	0.7459***	0.7466***	0.7467***	0.8008***	0.8014***	0.8012***	0.7322***	0.7332***	0.7333***
	(0.029)	(0.029)	(0.029)	(0.039)	(0.039)	(0.039)	(0.031)	(0.031)	(0.031)
Fix	0.1039***	0.1045***	0.1045***	0.0962***	0.0970***	0.0969***	0.1038***	0.1044***	0.1045***
	(0.022)	(0.022)	(0.022)	(0.025)	(0.025)	(0.025)	(0.025)	(0.025)	(0.025)
Roa	0.0035	0.0024	0.0025	-0.0092	-0.0107	-0.0106	0.0099	0.0091	0.0092
	(0.035)	(0.035)	(0.035)	(0.047)	(0.047)	(0.047)	(0.039)	(0.039)	(0.039)
Lev	-0.2756***	-0.2749***	-0.2749***	-0.2063***	-0.2056***	-0.2056***	-0.2905***	-0.2897***	-0.2898***
	(0.033)	(0.033)	(0.033)	(0.041)	(0.041)	(0.041)	(0.035)	(0.035)	(0.035)
观测值	17,379	17,379	17,379	17,379	17,379	17,379	17,379	17,379	17,379
省份	是	是	是	是	是	是	是	是	是
行业	是	是	是	是	是	是	是	是	是
年份	是	是	是	是	是	是	是	是	是

二、工具变量法

选择市场分割或一体化是地区层面的政府政策选择，单个企业的行为难以影响政府的政策决定。因此我们认为，市场一体化程度能够影响微观企业的创新活动，但是反过来，微观企业的行为并不能影响地区层面的市场一体化程度。然而也有研究指出，地方政府官员若是追求财税指标和晋升机会，尤其是为了达成本地企业的经济指标来选择市场一体化或市场分割的策略时，政府这种策略性的政策行为就是内生于经济系统的。为了缓解反向因果所带来的内生性问题，我们参照黄玖立和李坤望（2006）以及吕越等（2018）的做法，使用各省区市到海岸线距离的倒数作为国际市场一体化的工具变量以及各省区市的平均海拔作为国内市场一体化的工具变量，对模型进行重新估计。

我们使用工具变量法进行两阶段最小二乘法估计，重新考察了国际和国内市场一体化对企业创新产出的影响效应，估计结果见表5-11。表5-11的第（1）—（3）栏报告了国际和国内市场整合对企业专利授权总量影响的检验结果。由结果可知，地区市场整合的系数为负但并不显著，这意味着国内市场整合程度对企业专利授权总量没有明显的影响。与此同时，我们发现国际市场整合程度的两个代理指标中贸易开放度系数为正但并不显著，而外国直接投资的系数在0.01%水平上显著为正，这意味着外国直接投资的增加显著提升了本土企业的创新产出。表5-11的第（4）—（9）栏报告了市场整合对企业激进创新产出和增量创新产出数量影响的检验结果。国内市场整合程度仅对企业激进创新产出有明显抑制作用，在0.01%水平上显著为负，而对企业增量创新产出没有显著影响。国际市场整合程度中仅有外国直接投资对企业激进创新产出和增量创新产出有正面影响，其中激进创新产出的显著性较高。

从整体上来看，表5-11工具变量的回归结果与先前得到的结果一致，再一次证实了我们之前所得到的结果是稳健的。国内市场整合程度对上市企业当年专利授权总量没有显著影响，仅对企业发明创新产出有显著抑制作用；对于国际市场一体化来说，外国直接投资显著提升了企业专利授权总量及其两个类别。

表5-11 市场一体化与企业专利授权量（工具变量法）

项目	(1) Patent_all	(2) Patent_all	(3) Patent_all	(4) Patent_inv	(5) Patent_inv	(6) Patent_inv	(7) Patent_inc	(8) Patent_inc	(9) Patent_inc
DMI	-0.0053 (0.097)	-0.0048 (0.097)	-0.0154 (0.097)	-0.1765** (0.084)	-0.2008** (0.082)	-0.1768** (0.084)	0.0478 (0.115)	0.0665 (0.114)	0.0371 (0.115)
Trade	0.0393 (0.029)	—	-0.0156 (0.030)	0.0935*** (0.036)	—	0.0384 (0.037)	0.0119 (0.032)	—	-0.0429 (0.034)
FDI	—	0.1639*** (0.038)	0.1742*** (0.039)	—	0.2099*** (0.048)	0.1841*** (0.049)	—	0.1468*** (0.040)	0.1745*** (0.041)
Size	-0.1684** (0.075)	-0.1766** (0.076)	-0.1740** (0.075)	-0.1047 (0.092)	-0.0918 (0.092)	-0.0978 (0.092)	-0.1702** (0.082)	-0.1851** (0.082)	-0.1777** (0.082)
Age	0.8051*** (0.025)	0.8020*** (0.025)	0.8022*** (0.025)	0.8711*** (0.036)	0.8696*** (0.038)	0.8676*** (0.037)	0.7889*** (0.028)	0.7864*** (0.028)	0.7864*** (0.028)
Fix	0.0591** (0.025)	0.0601** (0.025)	0.0611** (0.025)	0.0381 (0.027)	0.0452* (0.026)	0.0420 (0.027)	0.0569** (0.028)	0.0556** (0.027)	0.0590** (0.027)
Roa	-0.0170 (0.040)	-0.0103 (0.040)	-0.0114 (0.040)	-0.0658 (0.053)	-0.0665 (0.053)	-0.0624 (0.052)	0.0055 (0.046)	0.0153 (0.046)	0.0126 (0.046)
Lev	-0.3141*** (0.033)	-0.3162*** (0.033)	-0.3160*** (0.033)	-0.2161*** (0.040)	-0.2198*** (0.041)	-0.2192*** (0.041)	-0.3410*** (0.037)	-0.3436*** (0.037)	-0.3425*** (0.037)
观测值	17,852	17,627	17,627	17,852	17,627	17,627	17,852	17,627	17,627
省份	是	是	是	是	是	是	是	是	是
行业	是	是	是	是	是	是	是	是	是
年份	是	是	是	是	是	是	是	是	是

第五节　本章小结

　　本书从市场一体化的角度考察了中国本土企业创新产出水平的外部环境影响因素。实证研究发现，2006—2019 年各省区市的国内市场一体化水平对本土上市企业专利授权总量没有显著影响，而外国直接投资在一定程度上提升了企业专利授权总量。此外，市场整合程度对不同类型专利授权量、不同所有制结构以及不同行业类型的本土企业有着差异化影响效应。首先，从不同专利类型来看，国内市场一体化仅对发明专利授权量有一定的抑制作用，而对增量专利授权量没有显著的影响。国际市场一体化中的外国直接投资则对企业激进创新产出和增量创新产出均有一定程度的提升作用。其次，从不同所有制结构来看，国有企业的创新产出水平基本不受国际和国内市场整合程度的影响，而国际市场一体化中的外国直接投资显著提升了民营企业的总体创新产出水平，特别是增量创新产出水平。同时，国内市场一体化对民营企业的发明专利授权量有显著的负面影响。最后，从不同行业类型来看，国内市场整合对劳动密集型企业的总体创新产出数量，特别是激进创新产出数量有着较为明显的抑制作用。贸易开放度对资本密集型企业的总体创新产出水平，尤其是增量创新产出水平有较为显著的促进作用，外国直接投资对技术密集型企业的总体专业授权量和两种不同类别的专利授权量都有着显著的提升作用。

国内市场一体化的度量：基于贸易成本的讨论

由McCallum（1995）首先提出的美国和加拿大之间的"边界效应"之谜引发了一系列后续研究来考察国家（行政）边界在跨国贸易中所扮演的角色，以此来推断国际市场一体化的程度。类似的方法也被用于估算国家内部的边界效应，即通过估算一个国家内部区域之间的贸易壁垒来推断出国内市场一体化或分割的程度。从直觉上来说，一个国家内部的地区间的联系应该是十分紧密的，且国内市场应该是高度一体化的，因为这些国家内部地区通常拥有共同的货币、语言和税收体系，并且在国家内部并没有那些关税、贸易配额和资本管制等大多数存在于国家间的政策性贸易壁垒。然而事实却证明，国家内部存在着不可忽视的壁垒，阻碍了商品和资本的跨地区自由流动以及商品价格实现一价定律（Bayoumi and Rose，1993；Parsley and Wei，1996；Wolf，2000；Eberhardt et al.，2016）。

已有大量文献提供了国际市场整合程度的跨国经验证据。这些研究通常使用各种不同的方法来衡量市场一体化程度。例如，利用引力方程估算国家间贸易壁垒的大小（Wolf，2000；Helliwell and Verdier，2001；Hillberry and Hummels，2008；Yilmazkuday，2012；Martínez-San Román et al.，2017；Agnosteva et al.，2019；Bemrose et al.，2020；Chahrour and Stevens，2020），考察储蓄—投资关系或消费风险分担程度来推断资本流动性（Bayoumi and Rose，1993；Helliwell and Mckitrick，1999；Cavaliere et al.，2006；Chan et al.，2011a，2011b；Ho et al.，2010，2015；Wang，2016），基于"一价定律"研究商品的价格收敛情况和速度（Parsley and Wei，1996；O'Connell and Wei，2002；Ceglowski，2003；Lan and Sylwester，2010；Elberg，2016）。

本书全面回顾了国内市场整合的相关文献，概述和讨论了衡量国内市场整合的三种主流方法。我们认为，市场一体化在很大程度上会影响要素和商品跨地区流动，并最终影响地区经济发展（Evans，2003；Poncet，2006；Ke，2015）。因此，了解行政边界对地区经济活动的影响程度显得尤为重要，这也意味着，准确衡量国家内部边界效应和市场整合程度同样重要。但是，以往的经验证据并没有得出一致的结论，包括国内市场是否存在市场分割的情况，以及市场分割的严重程度和时间演变趋势（Wolf，2000；Cechetti et al.，2002；Hillberry and Hummels，2003；Elberg，2016）。

我们认为，以往的经验证据对市场分割的严重程度和时间演变趋势没有得出一致的结论，主要是由于这些研究没有很好地捕捉"贸易成本"。Obstfeld and Rogoff（2000）开创性地提出国际经济学中的一些主要谜题，如国内贸易偏差、储蓄—投资谜题和购买力平价谜题，都可以归因于贸易成本的存在。贸易成本主要包括两方面：自然或距离相关的贸易成本（natural or distance-related trade costs）和政策相关的贸易成本（policy-related trade costs）（Anderson and Van，2004）。自然或距离相关的贸易成本通常指的是与地理距离相关的运输成本（地理壁垒）所引起的贸易成本，而与政策相关的贸易成本则是由正式或非正式的政策保护（行政壁垒）引起的，也就是所谓的边界效应。通常人们认为，如果商品、服务、资本和劳动力可以自由地跨地区流动，那么市场就是一体化的（Poncet，2003a）。换句话说，尽管一个国家内部各个地区的语言、货币政策是相似甚至是相同的，但是如果在控制距离之后，我们还是可以观察到国家内部行政边界影响贸易或者资本跨地区流动的证据，我们就可以据此推断出国内市场是否存在分割的情况及其严重程度（Poncet，2003b）。以往的研究如果在使用不同方法测算国家内部边界效应规模时，没有将与距离相关的贸易成本和政策相关的贸易成本清楚地分割开来，那么将很难推断是否存在边界效应，尤其是很难准确地描述边界效应的大小。因此，本书在回顾以往使用传统方法文献的基础上，又进一步拓展了那些较好处理了数据空间聚集问题的最新文献发展，特别是那些使用微观个体数据、精确距离度量以及细颗粒度地理区域的研究。

本书回顾和评述了度量国内市场整合或分割程度方法的经验文献，主要包括贸易流相关、资本流相关以及价格相关三种主流测算方法，重点讨论了国内市场是否存在市场分割的情况、市场分割的严重程度以及时间演变趋势，并比较了不同测量方法和国家样本间的差异性，以及近期研究的发展方向。

第一节 贸易流法

一、经验证据

一个国家内部区域间的贸易流量是用来估计行政边界壁垒对地区间贸易水平影响效应的最直观和最常用的指标。Wolf（2000）使用的1993年美国商品流动调查（Commodity Flow Survey，CFS）数据显示，州内部自身的贸易流量大约是州与州之间贸易流量的3～4倍。Wolf所观察到的本土偏好（home bias）显著程度令人惊奇，因为美国各个州之间的贸易是受宪法保护的，因此产生贸易摩擦的概率很小（Head and Mayer，2000）。继Wolf（2000）之后，大量研究对美国州际贸易流量进行了估计，以此来推断美国内部的边界效应规模（Hillberry，2002；Hillberry and Hummels，2002，2003，2008；Crafts and Klein，2015；Millimet and Osang，2007；Yilmazkuday，2012；Coughlin and Novy，2013；Martínez-San Román et al.，2017）。与Wolf估计所得的3.12～4.39的边界效应（这意味着各州内部的贸易流量比州与州之间的贸易流量高3.12～4.39倍）相比，这些同样使用美国州数据的经验研究所报告的本土贸易偏差程度处在一个更高的水平（Hillberry，2002；Millimet and Osang，2007）或者处在更低的水平（Hillberry and Hummels，2003，2008；Yilmazkuday，2012；Martínez-San Román et al.，2017）。

其他发达国家内部地区间的贸易模式也得到了不少学者的关注（加拿大参见Helliwell and Verdier，2001；Agnosteva et al.，2019；Chahrour and Stevens，2020。法国参见Combes et al.，2005。德国参见Wolf，2009。西班牙参见Requena and Llano，2010）。例如，Helliwell and Verdier（2001）发现了加拿大面积较小的那些省份存在十分显著的省际边界效应，而对那些面积较大的省份来说并不显著，但Agnosteva et al.（2019）的研究结果表明，加拿大各省之间拥有很大的贸易壁垒，也存在地区差异。Wolf（2009）发现，1885—1933年跨越德国国内边界的平均关税等值水平约为38%，并且随着时间的推移国内市场分割的水平并没有得到明显改善。Requena and Llano（2010）同时估算了1995—2000年西班牙内部和外部边界效应，发现特定地区自身的贸易额是与其他非相邻地区贸易额的17倍左右，不同行业间的内部边界效应规模约为6～45，数值远远大于美国内部的边界效应。

部分研究在发展中国家样本中也报告了不可忽视的边界效应。例如，Daumal and Zignago（2010）报告了一个高度分割的巴西国内市场。虽然巴西国内市场一体化程度在20世纪90年代有所增加，但是数据表明州自身的平均贸易量仍然是与其他州贸易量的37倍。尽管缺乏可靠的地区间双边贸易流量数据，但仍有一些针对中国国内市场一体化的经验研究（Naughton，2003；Poncet，2003b，2005；Xing and Li，2011；Xu and Fan，2012；Xing and Whalley，2014）。这些研究大多使用省级投入产出（Input-Output，I-O）表中的数据来估算引力方程，但是该表仅包含一个省份与中国其他所有省份之间的贸易流量信息，而非省与省之间单独的省际贸易流量信息。通过比较1987年和1992年各地区的贸易流量，Naughton（2003）发现了中国省际贸易流量实际上在不断地增加，这意味着国内市场一体化程度的提高。相反地，Poncet（2003b）发现，1987—1997年中国省际贸易在各省总贸易中的占比持续下降，与此同时，对外贸易和省内贸易占各省总贸易的比重持续上升，表现为高度的国际市场一体化和国内市场非一体化。并且在随后的一项研究中，Poncet（2005）采用了分类的行业级贸易流数据，进一步证实了中国省际边界效应的存在，并指出在1992—1997年边界效应愈演愈烈。后续一系列研究改进了已有文献的数据缺陷，尝试使用了特定地区间贸易流量数据。Xu and Fan（2012）使用多区域投入产出表（此表包含八个地区之间行业层面双向贸易流量的详细信息），也发现了区域间边界效应的有力证据。Xing and Li（2011）利用省际增值税（VAT）发票统计数据（包含交易地点信息）来推断省际和省内贸易流量规模，发现省际贸易存在本土偏好效应，但2003—2005年间边界效应规模相对较低。Xing and Whalley（2014）利用类似的增值税数据证实了中国省际贸易流量显著低于美国州际贸易流量。

二、混合结论

以往文献关于国家内部区域间贸易壁垒的重要性以及规模并没有达成一致的结论。令人惊讶的并不是内部边界效应的存在与否，而是内部边界效应的规模大小（Llano et al.，2011）。我们认为，不一致的结论主要是受到贸易数据的质量以及距离度量方式的影响。首先，由于缺乏国家内部区域精确的贸易流量数据，包括随着时间变化以及商品层面的贸易流量数据，边界效应估计的准确性会受到很大的限制。事实上，大部分研究使用了截面贸易流量数据来估算边界效应（Wolf，2000；Helliwell and Verdier，2001；Hillberry and Hummels，2003，2008）。此外，部分研究在使用汇总的贸易流量数据时，也会出现"高估"边界效应的问题。这是因为，引力模型估算出的系数是行政边界对区域间贸易流量影响效应的平均值。因此，贸易流量数据的"聚集偏差"（aggregation bias）往往会夸大内部边界效应的规模，特别是当地区之间贸易流量很大时，边界效应的估计值往往会被夸大（Hillberry，2002；Llano et al.，2011）。其次，距离衡量的不精确性也会导致"虚假"（illusory）的边界效应。大多数研究由于缺乏实际运输距离的数据，总是不得不使用估算所得的运输距离数据（Head and Mayer，2002）。Hillberry and Hummels（2003）的研究表明，美国各州内部的实际运输距离比现有研究估算的要短得多，这主要是由上游和下游企业的内生集群以及批发商和制造商的中心辐射系统所造成的。如果我们忽略了这些短距离贸易并且没有正确估算地区内部贸易距离的话，那么将会造成边界效应估计值的向上偏误（upward bias），因为我们无法很好地区分距离效应所产生的贸易成本以及边界效应所产生的贸易成本（Hillberry and Hummels，2008）。

三、方法发展

我们在前文指出了使用贸易流方法来估计边界效应时存在的一些问题和缺陷。在这节中，我们将重点介绍近期的一些文献是如何处理和改进这些问题的。

第一，使用更为精确的距离度量方式。Helliwell and Verdier（2001）采用了一种改进的"内部距离"(internal distance)测量方法,他们使用城市内和城市间距离以及农村内和农村之间距离的人口加权平均值来度量内部距离,以此来估计加拿大各省内部边界效应。研究结果表明,除了大西洋区和萨斯喀彻温省外,并没有证据显示加拿大各省省内贸易流量有超过省际贸易流量。之后也有一部分研究尝试在引力模型中使用区域内和区域间的实际距离,这大大提升了引力方程估算的准确性(Martínez-San Román et al., 2017)。

第二,一部分论文采用贸易流量的面板数据来估计国家内部的边界效应。Millimet and Osang(2007)使用1993年和1997年CFS面板数据重新评估了Wolf(2000)横截面数据的稳定性。他们发现,在控制了上一期的贸易流量和内部移民变量后,Wolf所观察到的美国州内的"本土偏好"效应消失了,这一发现和Combes et al.(2005)相一致。Combes et al.(2005)在研究法国地区之间的贸易流量时发现,当控制了社会和商业网络的影响后,边界效应的估计值会大幅度降低。Martínez-San Román et al.(2017)利用1993年、1997年、2002年、2007年和2012年CFS面板数据,认为Wolf没有很好地处理贸易流量中的零值问题,导致他估算的本土偏好效应在很大程度上被"高估"了。但是令人惊讶的是,Martínez-San Román et al.(2017)发现,自2002年以来,美国州内本土偏好程度随着时间呈上升趋势。Daumal and Zignago(2010)采用了巴西各个州内和州际贸易流量的面板数据,发现1991—1999年巴西平均内部边界效应从37降低到12,关税等值水平从74%降低到47%,证实了巴西国内市场正处于一体化进程中。

第三,区分不同的运输方式。Hillberry and Hummels(2003)认为,制造商和批发商在商品跨区域贸易中扮演了不同的角色,导致他们分布的地理位置也有所不同。通常来说,制造商在地理上是分散的,货物通过长距离的运输从制造商发往各地的批发商,然后批发商再通过短距离的运输将产品发送给各地的零售商。因此,批发商的运输距离相较于制造商来说会更短,往往限制在各个州的边界之内。此外,制造商往往也会要求批发商只能在特定的市场范围内进行销售,不能跨区域销售。基于以上观点,他们认为Wolf的数据包含了制造商和批发商的运输数据,这意味着他的数据也包括了大量的短距离贸易,会导致边界效应被高估。因此,Hillberry and Hummels(2003)基于1997年CFS

的数据，重新估计了美国的州际边界效应。他们将批发商的贸易流量和制造商的贸易流量区分开来，在引力模型中使用了商品运输的实际距离，并引入了原产地和目的地的固定效应，以此估算出来的边界效应仅为Wolf估计值的三分之一。这意味着之前大部分研究所得到的令人惊讶的边界效应规模实际上可能是由于数据中包含了批发商的贸易数据。

　　第四，越来越多的研究采用了分类数据（disaggregated data）对国家内部边界效应进行估算（Hillberry，2002；Wolf，2009；Requena and Llano，2010；Yilmazkuday，2012）。Hillberry（2002）利用美国CFS的分类数据考察了地区间的贸易规模和结构，对内部边界所导致的贸易量减少程度提出了疑问。他发现，总体的边界效应值为21.7，但是在不同商品间存在很大的差异性。不同商品的边界效应的中间值仅为6.6，且大多数商品的边界效应远远低于总体水平。此外，产出加权平均后的边界效应为11.5，并且在控制了一系列变量后总体边界效应进一步降低到了5.7。Wolf（2009）基于六组商品的数据，利用引力模型重新估算了1885—1933年德国的内部边界效应。他发现，德国境内的地区比处于边界两侧的地区一体化程度更好，并且内部边界效应随着时间的推移而减弱，尽管在第一次世界大战前德国境内还存在着明显的高水平的贸易壁垒。Requena and Llano（2010）从行业层面对西班牙内部地区（17个西班牙自治区内和自治区之间）和外部地区（西班牙自治区和经合组织成员国之间）贸易流量进行了估算，结果发现各个行业的贸易流量存在很大的差异。同时他们发现，估算出来的边界效应规模对产品类型（如中间产品和最终产品）十分敏感，这是因为大部分中间产品包含了大量的短距离贸易。Yilmazkuday（2012）从商品层面上重新估计了2007年美国州际的贸易流量。尽管仍然观察到了边界效应的存在，但是与1993年（如Wolf，2000）和1997年（如Hillberry and Hummels，2003）的研究相比，美国内部边界效应规模随着时间的推移在不断地降低。

　　第五，小部分研究尝试使用细粒度分析（fine-grained analysis）来考察区域内边界对贸易流量的影响。Agnosteva et al.（2019）将"无法解释的贸易壁垒"（unexplained trade barriers，UTB）定义并转化为两种模型（一种模型是固定效应模型，另一种模型含有引力模型变量）所估算出来的贸易成本之间的差异。他们认为，如果不存在边界效应，UTB的数值应该是非常小并且是随机的。然而结果显示，UTB的估计值十分显著，这意味着边界效应也应该是显著的。Bemrose et al.（2020）通过在每批货物的始发点和目的地点上覆盖根据经纬度信息进行地理编码处理后的六边形网格，得到的加拿大内部边界效应估计值远远小于使用标准地理测量的边界效应值，仅为1.60（大六边形）~1.62（小六边形）。研究结果还表明，当使用副省级层面而不是省级层面地理距离时，加拿大内部边界效应的关税等值水平几乎减半，从13.6%下降到6.9%。

第二节　资本流法

一个国家内部的资本是否能够在地区间自由流动是国内市场一体化的另一个显著特征。资本市场一体化的经验证据主要集中于估算国家内部各区域之间的储蓄投资相关性以及消费产出相关性。

一、储蓄与投资关系

Feldstein-Horioka方法将储蓄和投资相关性（也称为"储蓄保留率"）作为资本跨区域流动性的衡量指标，对国内市场一体化程度进行估算（Feldstein and Horioka，1980）。它基于这样一个概念，如果资本可以自由地在地区市场间流动，那么某个地区的本地储蓄下降可以很容易地通过从其他地区借款来加以补充，而不会推高当地的实际利率或减少当地的投资（Frankel，1992）。因此，在一个整合的资本市场下，我们不应观察到本地储蓄与本地投资的高度相关性。

然而，有大量跨国经验证据表明本地储蓄和投资存在着高度的相关性，意味着国家边界导致国际资本市场的高度分割，但在国家内部地区之间资本市场的情况并非如此（美国参见Sinn，1992。英国参见Bayoumi and Rose，1993；Thomas，1993；Bayoumi and Klein，1997。加拿大参见Thomas，1993；

Helliwell and Mckitrick，1999。德国参见Thomas，1993。日本参见Yamori，1995；Dekle，1996；Iwamoto and Wincoop，2000。中国参见Boyreau-Debray and Wei，2005；Li，2010；Qi，2010；Chan et al.，2011a，2011b；Yan et al.，2011；Lai et al.，2013；Jiang，2014；Wang，2016）。大多数国家内部地区层面的研究结果表明，储蓄和投资相关性估计值并没有显著不等于零的情况，有部分研究甚至报告了这两个变量之间的负相关关系，这意味着国家内部资本市场整合程度普遍处于一个比较高的水平。

1. 总储蓄和投资数据

Bayoumi and Rose（1993）对英国11个地区1971—1985年的储蓄和投资关系进行了检验，发现储蓄和投资之间的相关性相对较小，这与Feldstein and Horioka（1980）的资本可以在国内地区间自由流动的假设相一致。Helliwell and McKitrick（1999）的研究结果也表明，加拿大各省之间的储蓄保留率估计值很小。此外他们还发现，加拿大各省之间资本市场的紧密联系程度要远远高于经合组织国家。具体来说，经合组织成员国的储蓄保留率在统计意义上显著为0.27，而加拿大各省的国民储蓄保留率仅为0.05。Yamori（1995）使用了日本地区数据发现，储蓄和投资不存在正相关关系。Sinn（1992）利用1957年的数据证实，美国各州的资本流动性要高于与其他国家间的资本流动性。

2. 政府和私人储蓄投资数据

有部分经验证据表明，国内储蓄和投资之间存在着显著的负相关关系，这可能是由于这些研究使用的是总储蓄和投资数据，并没有剔除政府部分。后续有研究尝试将总储蓄和投资分解为私人和政府两部分，重新估算了资本市场的流动性（Thomas，1993；Dekle，1996；Chan et al.，2011a，2011b；Jiang，2014）。Thomas（1993）将英国、德国和加拿大的储蓄和投资的负相关关系归因于政府对贫困地区的补贴，当他们单独考察私人或公司储蓄和投资时，储蓄与投资之间的相关性变得显著为正，意味着这些国家的资本市场存在分割的情况。Dekle（1996）发现，日本内部各个地区储蓄和投资的负相关关系可以归因于政府储蓄与投资之间显著的负相关关系，而私人储蓄与投资之间相关性的估计值与零无异。也有部分研究考察了中国国内资本市场一体化的情况，Chan et al.（2011a）的研究发现，私人储蓄和投资相关性显著为正，而政府储蓄和投资相关性显著为负。Jiang（2014）也对总储蓄（投资）进行了拆分。通过对1970—2006年私营部门和政府部门的实证分析，发现自20世纪90年代以来，政府在资本市场整合中并没有起到非常重要的作用。

3. 时间演变

Bayoumi and Rose（1993）对英国1971—1975年、1976—1980年和1981—1985年区域储蓄和投资关系进行了实证检验。研究结果表明，随着时间的推移，英国内部资本流动性在不断加强，意味着资本市场一体化进程的不断加深。有部分研究也考察了中国资本市场整合时间演变进程。Boyreau-Debray and Wei（2005）和Li（2010）对1952—2001年中国省级储蓄—投资数据以及1978—2006年省级储蓄—投资数据进行协整关系检验，发现省级层面的资本流动性随着时间的推移几乎没有改善。相反地，Chan et al.（2011a）和Lai et al.（2013）提供了证据证明中国区域资本流动性事实上是有所改善的。Chan et al.（2011a）基于协整关系检验发现了1978—2006年中国省际资本流动性增加的有力证据，特别是对发达地区的私人资本来说。Lai et al.（2013）使用了面板时变系数（time-varying coefficient）模型得出结论，1978—2008年国内资本市场一体化程度总体而言略有改善。Jiang（2014）揭示了随着20世纪90年代后政府作用的减弱，总体资本流动性增加了，特别是私人资本流动性大幅度上升。

4. 区域异质性

部分论文考察了储蓄—投资关系的区域异质性（Lai et al.，2013；Chan et al.，2011b；Jiang，2014）。Chan et al.（2011b）认识到各地区之间的资本流动水平存在着巨大的差异，特别是发达地区和欠发达地区之间，后来Lai et al.（2013）也证实了这一点。他们将中国21个省份分为9个区域，发现随着时间的推移，与中等地区相比，最为发达的地区和最不发达的地区在资本流动方面的改善程度更高。Jiang（2014）采用非参数面板数据估计了储蓄—投资关系的省份异质性。他观察到东部省份，尤其是沿海省份的资本流动程度较高，并且他还发现，政府储蓄的作用在欠发达的内陆省份显得更为重要。

5. 空间依赖性

有部分研究采用空间计量方法将地区间的空间依赖性和异质性纳入考虑

范围，扩展了传统的Feldstein-Horioka检验方法（Hashiguchi and Chen，2010；Wang，2016）。Hashiguchi and Chen（2010）采用空间误差模型发现，中国各省的资本流动性在20世纪80年代末之前相对较高，但在90年代中期有所下降，随后在21世纪初有所复苏，近期又有所减弱。但是，他们使用的是地区层面储蓄和投资的横截面数据，因此不能展示空间效应的时间演变趋势。在此基础之上，Wang（2016）改进估计方法后发现，储蓄保留系数与现有文献中的数据有所不同。在1979—1992年，省内储蓄与投资的相关性并不显著，而在1994—2010年，省内储蓄与投资的相关性却大于0.64，这表明中国的区域资本流动性相对较弱，并且随着时间的推移，中国资本市场走向了非一体化。

二、消费风险分担

风险分担文献中的消费风险分担从消费的角度阐释了金融一体化（Obstfeld，1994）。家庭收入通常面临各种外部冲击，这种外部冲击的风险可以通过风险分担管理（如消费平滑）来减少甚至消除，因为各个区域的经济周期并不是完全相同的（Xu，2008）。作为检验区域资本流动性的另一种方法，部分研究考察了国内地区市场的消费平滑（consumption smoothing）效应（美国参见Crucini，1999；Becker and Hoffmann，2006。加拿大参见Bayoumi and Klein，1997；Decressin and Disyatat，2008。意大利参见Cavaliere et al.，2006。德国参见Hepp and Von Hagen，2012。中国参见Xu，2008；Curtis and Mark，2010；Ho et al.，2010，2015；Du et al.，2011；Chan et al.，2014。日本参见van Wincoop，1995；Crucini and Hess，1999。韩国参见Pontines，2020）。其中大部分研究证实了国家内部的风险分担要远远高于国际风险分担的程度，但这并不意味着国家内部区域之间的风险分担水平是完全的。

1.度量方法

消费风险分担水平的一个常用指标是评估区域消费增长与产出增长的相关性（Crucini，1999）。理论上来说，在一个完全一体化的资本市场里，消费增长应该与产出增长完全不相关。基于此，如果我们将区域消费增长与产出增长进行回归分析，如果在完全风险分担和完美资本流动的情况下，估计系数应该为零。因此，该估计系数可以用于衡量风险分担程度。大多数文献得到了较小的估计系数，这意味着各地区之间的风险分担程度相对较高（Asdrubali et al.，1996；Bayoumi and Klein，1997；Crucini，1999）。Bayoumi and Klein（1997）对加拿大的金融市场一体化程度进行了评估，发现加拿大内部资本市场一体化程度较高，这意味着各省的贸易平衡以消费平滑的方式进行调整。Chan et al.（2011a）评估了1970—2006年中国各省的资本流动程度，发现各省消费和产出之间的相关性很高，表明国内资本市场一体化程度较弱。

Backus et al.（1992）首创的另一项风险分担度量方法是基于消费增长与各地区收入增长之间的相关性。在完全风险分担即资本完美流动的情形下，各地区的边际效用增长应该是均衡的，因此各地区的消费增长也应该是高度相关的。换言之，在资本市场完全一体化的情况下，消费增长系数应显著且数值为1，而收入增长系数应该与零无异，反之亦然。因此，消费增长的系数可以用来衡量风险分担的程度。大多数基于此计算方法的文献表明一个国家内各地区之间的风险分担程度较低（Hess and Shin，1998；Crucini，1999）。Van Wincoop（1995）报告了日本各地区消费相关性，与经合组织成员国的消费相关性程度大致相同。Hess and Shin（1998）发现，美国各州之间的消费相关性没有产出相关性高，这表明了风险分担水平较低。Crucini and Hess（1999）的研究结果表明，消费风险分担程度在美国各州之间相当不完全，但在加拿大和日本却并非如此。对于那些发展中国家，Boyreau-Debray and Wei（2005）使用国民账户数据考察了中国的地区消费风险分担水平。有证据表明，中国各省份的消费增长相关性相对低于产出增长相关性，并且在控制产出共同流动变量后，中国各地区的消费风险分担似乎比经合组织成员国还要低，这表明中国国家内部资本流动水平较低。Xu（2008）随后还使用了1980—2004年的省级住户调查数据，结果显示，中国各省参与了不完全的风险分担。

2.时间演变

有小部分研究揭示了国家内部各区域风险分担随时间演变的进程。Lai et al.（2013）通过面板时变系数模型来考察私人消费与净产出之间的关系，估计了中国省际的资本流动程度。该模型能够更好地反映中国在过去几十年中持续的经济改革过程，从而能够准确地捕捉资本市场一体化的演变过程。与早期报告中国内部消费风险分担程度较低甚至下降的研究相反（Boyreau-Debray and

Wei，2005；Du et al.，2011），他们的研究结果显示，1978—2008 年中国省际资本流动情况略有改善。

3.跨期消费平滑

大多数实证研究只关注了各地区之间的风险分担水平，保持永久收入假设不变或假设不存在跨期消费平滑，而忽略了其动态因素，即该地区跨期消费平滑的程度（Crucini，1999；Crucini and Hess，1999；Obstfeld，1994）。Asdrubali and Kim（2008）建立了一个考虑了风险分担和跨期消费平滑程度的异质性模型。Ho et al.（2010）考察了 1979 年经济改革前后中国省际消费风险分担和跨期消费平滑。他们估计所得的消费风险分担程度远低于其他同样采用中国数据的研究（例如 Boyreau-Debray and Wei，2005；Xu，2008）。Becker and Hoffmann（2006）使用协整面板 VAR 来估计美国各州不同层面的风险分担模式，其优势在于可以同时估计短期和长期的风险分担程度。Cavaliere et al.（2006）采用类似的方法调查意大利各地区针对永久性和暂时性冲击的消费保险水平，发现意大利各地区抵御的是永久性冲击而非暂时性冲击。

第三节　价格法

一、一价定律

一价法则（The law of one price，LOP）的基本含义是，如果不存在交易成本、税收以及其他种类的贸易壁垒，相同的商品在所有市场的售价应该是相同的，因此代理商无法利用跨市场的套利机会（Poncet，2006）。然而，现实中却存在着各种贸易壁垒，这些壁垒可能会妨碍各地区的价格趋向均衡，这表明市场尚未完全一体化（Engel and Rogers，1996）。商品价格与 LOP 的偏差越大，表明市场分割越严重；而当市场变得更加一体化时，商品价格与 LOP 的偏差会减少。因此，从长期来看，不同市场中相同产品的价格将会逐步收敛到相同水平（Fan and Wei，2006）。价格法主要是采用协整分析和相对价格分析来检测商品价格与LOP的趋同或偏离。协整分析主要包括短期和长期的市场整合检验，而相对价格法主要是通过单位根检验来确定是否存在购买力平价的长期趋势，并计算偏离购买力平价的半衰期（即不同地区相对价格收敛到长期价格的速度）（Klovland，2005）。

二、不同国家的经验证据

已有大量文献检验了国家内部跨地区价格差异，并考察了阻碍一价定律的内部贸易壁垒（美国参见 Parsley and Wei，1996；Engel and Rogers，1996；O'Connell and Wei，2002；Cecchetti et al.，2002；Crucini and Shintani，2008。加拿大参见 Engel and Rogers，2001；Ceglowski，2003。日本参见 Parsley and Wei，2001；Choi and Matsubara，2007。墨西哥参见 Sonora，2005；Elberg，2016。中国参见 Fan and Wei，2006；Lan and Sylwester，2010。印度尼西亚参见 Morshed et al.，2005；Wimanda，2009。印度参见 Morshed，2011）。

1. 发达国家的经验证据

早期关注国内市场购买力平价和价格趋同的研究主要基于综合价格指数数据，其中大多数研究都发现了价格趋同的长半衰期（Culver and Papell，1999；Cecchetti et al.，2002；Sonora，2005）。Culver and Papell（1999）在欧盟国家的样本中发现了一价定律的有力证据，但是在美国和加拿大的样本中并没有发现，他们还发现了美国的价格趋同速度比加拿大要慢得多。他们的研究结果相当令人费解，因为从直觉上来说，一个国家内部不同地区的价格趋同速度应当会超过不同国家之间的价格趋同速度。Cecchetti et al.（2002）使用了 1918—1995 年美国 19 个主要城市的居民消费价格总指数数据，发现美国各城市之间存在巨大且持续的价格差异，价格趋同十分缓慢，半衰期达 9 年之久，这比跨国研究中所观察到的半衰期时长要大得多。部分人认为，这些观察到的价格趋同速度缓慢主要是因为消费者价格指数的聚合问题，而不同商品的价格通常不会以相同的速度趋同，这主要取决于商品的可交易性、市场竞争程度和运输成本（Klovland，2005；Lan and Sylwester，2010）。采用总价格指数往往会导致价格趋同的估计速度产生向下偏差，从而导致半衰期估计时长产生向上偏差（Imbs et al.，2005）。因此，后来的研究开始尝试以分类别消费价格为基础，这在很大程度上避免了由于将非贸易商品纳入综合价格指数而产生的潜在价格黏性问题。大多数基于分类消费价格指数的研究发现了长期价格趋同和相对较短半衰期的证据（Parsley and Wei，1996；O'Connell and Wei，2002；Engel and Rogers，1996；Ceglowski，2003）。

国内价格趋同的研究对象主要集中在美国。Parsley and Wei（1996）使用了 1975—1992 年美国 48 个城市的 51 个价格组合来估算美国国内的价格趋同速度。他们发现，美国各州价格趋同的速度为 4 ～ 15 个季度，这大大快于跨国研究中所发现的速度。他们又进一步证明了原始价格差异越大，价格趋同速度越快，而距离较远的地区价格趋同速度越慢。O'Connell and Wei（2002）使用了类似的数据，总体而言，美国各城市的相对价格大致上是平稳的，并且回归到均衡状态的速度相当快，这符合一价定律。他们也发现了证据证明相对价格出现了非线性的趋同趋势，这是因为较大的原始价格差距比较小的原始价格差距衰减得快得多。

而其他发达国家的一价定律的经验证据表明，美国国内价格偏离的程度和持续性似乎要远远高于其他国家（Engel and Rogers，1996；Ceglowski，2003；Parsley and Wei，2001；Choi and Matsubara，2007）。例如，Engel and Rogers（1996）使用了加拿大 9 个城市和美国 14 个城市 14 类商品的分类价格数据，结果表明，美国城市间的价格平均波动率要高于加拿大城市。Ceglowski（2003）利用 1976—1993 年加拿大 25 个城市 45 种居民消费品的实际零售价格对国内价格偏差进行了估算，得到了长期价格趋同的结论，价格趋同的半衰期为 0.1 ～ 2.1 年，中位数远低于 Parsley and Wei（1996）以美国城市为样本的早期研究结论。Parsley and Wei（2001）也证实了日本价格偏离程度低于美国，并且 Choi and Matsubara（2007）采用不同的价格持续度量指标考察了 1970—2002 年日本各城市间相对价格趋同，汇报了不到 2 年的中位半衰期，进一步证实了美国价格偏离程度和持续性要高于其他发达国家的结论。

2. 发展中国家的经验证据

部分采用发展中国家样本的研究提供了令人惊讶的极短的价格趋同半衰期的经验证据（Morshed et al.，2005；Sonora，2005；Fan and Wei，2006；Lan and Sylwester，2010）。Klovland（2005）认为，以往研究得出较长半衰期的结论，可能是因为采用的价格数据的频率较低、不一致的半衰期度量方法以及不同的政府财政和货币政策。更有人指出，发展中国家较快的价格趋同速度主要可能是由市场集中度较低所导致的。

Morshed et al.（2005）发现，印度城市的价格趋同平均半衰期仅有 3 个月，与那些工业国家相比要短得多。Sonora（2005）发现，墨西哥各城市的相对价格时序是平稳的，半衰期大约为 2.5 年。Góes and Matheson（2017）评估了巴西 11 个主要地区 51 种商品价格指数的市场整合程度。他们发现，与不可交易商品（non-tradable goods）不同，一价定律仅适用于可交易商品（tradable goods）。研究发现，巴西地区间价格趋同的速度非常缓慢，这意味着巴西国内市场一体化水平较低。

早期研究中国各省价格趋同的文献大多数集中在农产品上，特别是粮食市场（例如 Rozelle et al.，1997）。然而，有人认为，这些研究使用了省级层面的混合品种大米平均价格指数。为了改进这一点，Zhou et al.（2000）使用了 1992 年 2 月至 1996 年 5 月 12 个主要城市的籼稻价格的月度数据，发现大多数价格系列存在不协整关系，这意味着籼稻市场缺乏长期整合的趋势。后来的一系列研究拓展到了其他更广泛的市场（Fan and Wei，2006；Lan and Sylwester，2010）。Fan and Wei（2006）考察了中国 36 个主要城市 13 年间的 93 种产品和服务价格，发现一价定律的有力证据，大多数商品的半衰期为 1～4 个月，证实了中国地区间价格趋同的速度比发达国家要快得多。Lan and Sylwester（2010）使用中国 36 个城市的商品价格月度数据，发现半衰期仅为几个月，这与 Fan and Wei（2006）的研究结果一致，意味着中国市场一体化水平较高。

三、分类分析

1. 商品异质性

Imbs et al.（2005）认为，不同商品的价格以不同的速度收敛，因此以往文献在使用聚合价格指数时可能会产生聚合偏差（aggregation bias）。有部分研究已经开始关注不同商品在价格收敛速度上所体现出来的异质性，特别是易腐品与非易腐品，以及可交易商品与不可交易商品之间的收敛速度差异（Parsley and Wei，1996；Fan and Wei，2006；Crucini and Shintani，2008；Fielding et al.，2015）。Parsley and Wei（1996）发现，美国各地区间的可交易商品似乎很快能实现价格趋同，非易腐品价格偏离的半衰期约为 5 个季度，易腐品的半衰期为 4 个季度，服务性质的商品的半衰期为 15 个季度。同样基于美国样本，Crucini and Shintani（2008）发现，不可交易商品的持久性比可交易商品更高。其中不可交易商品的中位半衰期为 24 个月，比可交易商品多 6 个月。Fielding et al.（2015）发现，易腐商品的相对价格比非易腐商品的相对价格波动性要大。Fan and Wei（2006）证实了，在中国，易腐商品更容易实现地区间的价格趋同，而服务业在城市间实现价格趋同的可能性最小。有小部分文献进一步考察了价格趋同中的商品个体异质性（Choi and Matsubara，2007；Lan and Sylwester，2010）。Choi and Matsubara（2007）证实了不仅在可交易商品和不可交易商品之间存在价格趋同速率的异质性，甚至在可交易商品和不可交易商品这两大类别内部，价格趋同速率也存在非常大的差异。Lan and Sylwester（2010）调查了中国单个商品在城市间的价格收敛速度。结果表明，平均价格半衰期为 2.35 个月，不同商品的半衰期差异很大，其中油菜籽的半衰期最短（1.2 个月），而中型卡车的半衰期最长（8.01 个月）。

2. 微观分析

极少部分研究利用微观数据研究了一价定律。Choi et al.（2017）采用美国 48 个城市 45 种商品的季度零售价格数据证实了不同商品和城市组合间的市场分割程度存在差异。Gopinath et al.（2011）使用了精确的地理编码来定位美国和加拿大境内各个商店的商品零售价格，并在价格模型中控制了商店的批发成本。他们发现，只有当相邻门店位于同一国家或地区时，批发成本的增加才有可能会导致门店零售价格的上涨；而如果相邻门店位于不同国家或地区，则不会观察到任何价格的变化。他们将这一发现解释为：与国际市场相比，美国和加拿大的国内市场是一体化的。

第四节　讨　论

现有文献研究了国家内部市场和地区间的行政壁垒，特别深入地研究了它们是如何影响并且多大程度上阻碍国内商品贸易、资本流动以及价格收敛。当然，这些文献并没有得出一致的结论，研究结果因国家样本和衡量边界效应的方法而异。在本书中，我们尝试评价这些国内市场一体化研究的经验证据，并深入讨论近期文献发展方向。

一、复杂的经验证据

第六章第一节至第三节详细讨论了衡量市场一体化程度三种主要的方法，包括估算商品流动性如贸易流量、分析变量间特定关系如资本市场中的储蓄—投资关系以及消费平滑，考察商品价格偏差和收敛速度，以此来推断国内市场整合程度。虽然这些基于不同方法衡量市场一体化程度的研究结果并不具有直接可比性，但是这些研究都提供了国家内部边界效应的存在与否及其严重程度的证据，并且有部分研究更进一步考察了国内地区市场整合的时间演变趋势。这些研究国内市场整合或分割程度以及随时间变化趋势的文献没有达成一致结论的一个显而易见的原因是，这些研究在估算市场一体化程度以及随时间演变趋势采用了不同的国家样本以及不同的市场一体化衡量方法。

首先，从方法来说，不同方法在衡量市场一体化程度时实质上是衡量了不同的市场。在估算区域间贸易流量的研究里，一部分研究发现了支持区域间存在贸易壁垒的证据（Wolf，2000；Requena and Llano，2010；Daumal and Zignago，2010），而另一些研究则表明区域间贸易流量实际上非常庞大，暗示了较高的国内市场整合程度（Naughton，2003；Helliwell and Verdier，2001；Hillberry and Hummels，2003；Martínez-San Román et al.，2017）。对于考察区域资本流动的研究来说，其中一些研究发现区域间资本流动性较低，表明地区资本市场一体化程度较弱（Crucini and Hess，1999；Li，2010；Chan et al.，

2011b），而其他一部分研究则发现跨区域资本流动性随着时间有明显的改善（Bayoumi and Rose，1993；Yamori，1995）；对于测算价格趋同的研究来说，一些研究发现了商品跨区域的显著价格差异（Cecchetti et al.，2002；Sonora，2005），而其他研究则发现了支持一价定律的有力证据（O' Connell and Wei；2002；Morshed et al.，2005；Fan and Wei，2006；Lan and Sylwester，2010）。

其次，从国家样本来说，各个国家市场一体化水平必然有所差异。尽管中国等一些发展中国家的省际贸易流量远远小于某些发达国家如美国和加拿大州际或省际的贸易流量，但是省际贸易流量的高增长率表明发展中国家的内部经济联系正在逐步加强（Daumal and Zignago，2010；Xing and Whalley，2014）。大多数发达国家的储蓄—投资关系的估计系数为不显著或为负，表明这些国家的资本流动程度较高（Thomas，1993；Dekle，1996）。然而，大多数关于中国的研究结果发现，该系数显著为正，但随着时间的推移，中国国内资本市场一体化程度有逐步改善的趋势（Jiang，2014）。此外，使用消费平滑方法的研究证实了发达国家没有拥有完全的风险分担，并且中国等发展中国家的风险分担水平更低（Asdrubali et al.，1996；Boyreau-Debray and Wei，2005）。基于价格差异的研究显示了大多数发展中国家地区间价格收敛的速度相对较快，而有一些证据表明发达国家特别是美国价格收敛的半衰期较长（Parsley and Wei，1996；Fan and Wei，2006）。

还有部分文献着重考察了国内市场一体化随着时间变化的趋势，为边界效应随着时间逐渐升高或下降提供了大量的经验证据。关于国内商品贸易市场一体化的时间演变趋势，以往研究并没有达成一致的结论。在发达国家的研究中，Yilmazkuday（2012）指出，随着时间的推移，美国州内的本土偏好有所下降，但Martínez-San Román et al.（2017）却发现本土偏好自2002年以来一直在逐步上升。在发展中国家的研究中，Daumal and Zignago（2010）发现了巴西内部地区市场一体化程度有所提高。一部分在中国背景下使用贸易流相关方法的经验证据表明，省际贸易流量有着明显增长（Naughton，2003），而另一部分研究却得出国内贸易市场变得更加分割而非一体化的结论（Poncet，2005）。关于国内资本市场一体化研究结果，同样没有达成时间演变趋势上的一致性结论。一部分文献认为，区域资本流动性并没有随着时间而改善

（Boyreau-Debray and Wei，2005；Li，2010；Du et al.，2011），但有部分研究提供了区域资本流动性随时间变化而逐步增加的有力证据（Bayoumi and Rose，1993；Lai et al.，2013；Jiang，2014）。价格法相关的文献主要以地区间商品价格收敛的速度（即半衰期）来间接阐释地区市场整合的趋势。与那些跨国研究如Parsley and Wei（2001）发现的价格收敛速度相比，国内地区间价格收敛速度要快得多。大多数经验证据证实了同一商品在地区间价格最终收敛的趋势，但巴西国内地区市场间价格收敛速度似乎比较缓慢（Góes and Matheson，2017）。

总的来说，我们并没有观察到不同国家和市场之间拥有统一的市场一体化水平，因为已有文献衡量了不同国家的国内市场一体化水平，也衡量了国内市场的不同方面，如贸易、资本和价格。此外，更重要的是在考察地区间市场整合程度时，不同研究也采用了不同的分析样本，如省份、城市以及州。近期研究对每种方法都进行了改进，其中采用贸易流和资本流相关的研究，通过使用分类的微观数据以及细粒度的地理单元，能够更好地处理距离对估算边界效应规模的影响。

二、方法学发展

1. 空间分解（spatial disaggregation）

大多数已有文献主要使用省份或州作为分析对象，对国家内部地区间的贸易流量、资本流动性以及价格收敛速度进行了估算，得出了国内边界效应规模较大的结论。然而我们认为，以往文献得到如此显著的边界效应，主要是由分析单位的空间聚集（spatial aggregation）问题所造成的。这也被称为可塑性面积单元问题（modifiable areal unit problem），指的是分析结果会随着面积单元定义的不同而变化的问题。Wolf（2009）在他的文章中提出边界效应的规模，即行政边界阻碍地区间贸易流动、资本流动以及价格收敛的程度，在很大程度上受到分析单位选择的影响，特别是对于那些使用州或者省作为分析对象的研究来说，空间距离会显著影响边界效应规模估计的准确性。Briant et al.（2010）也强调了可塑性面积单元问题的重要性，他们认为研究结论对于分析对象的选择非常敏感，因为通常那些对象具有不同的大小和形状。

针对这一问题，Hillberry and Hummels（2008）首次使用美国CFS数据的微观版本，他们发现，邮政编码的边界效应是巨大的。研究结果显示，相同3位数邮政编码区域内的贸易流量明显大于邮政编码区域外的贸易流量，边界效应的估计值为2.86，而州内贸易流量仅是州际贸易流量的1.73倍。令人惊讶的是，当他们使用5位数邮政编码来进一步定义商品的运输距离时，模型中州的边界效应完全消失了。Bemrose et al.（2020）利用了每批货物始发地和目的地的经纬度信息进行地理编码，极大地降低了由空间距离所造成的估算偏差。他们发现，使用改进方法估算得出的加拿大国内边界效应比使用标准地理单位所测量的要小得多。使用加拿大省级贸易数据会导致边界效应的估计值向上倾斜，因为省级层面的贸易数据通常包含了许多短距离的贸易流动。Coughlin and Novy（2021）试图将大量"微观"区域聚合为稍大的"宏观"区域，他们认为，相对成本的变化将会导致边界效应估计存在差异，即采用较小的地理区域分析时，通常会得到显著的边界效应，而采用较大的地理区域分析时，通常会得到较低的边界效应。这意味着对于那些拥有比较大面积区域的国家来说，他们的边界效应估计值往往比较小。他们进一步提出，使用引力模型来估计边界效应的精确性通常对分析对象的规模大小十分敏感，而以往文献通常碍于缺乏足够详细的地理数据。

简而言之，在估计国家内部边界效应时，使用州或省作为分析对象的通常会导致边界效应估计值产生向上偏差。已有部分研究开始尝试使用更小、更精准的空间单元来更好地捕捉国家内部边界效应的真实规模。与那些没有很好地处理空间聚集问题的早期研究相比，这些使用更精准空间单元的研究却发现了边界效应规模下降的证据，即随着地理单元规模的缩小，边界效应的估计值趋向于零（Hillberry and Hummels，2008；Gopinath et al.，2011；Llano et al.，2011）。此外，一些研究尝试使用了断点回归的方法来考察国家内部行政边界对处于行政边界沿线地区经济活动的影响。Gopinath et al.（2011）利用精准的门店地理位置估算了位于美国和加拿大边界325家门店之间的零售价格和批发成本的差异，来确定是否存在地区间的价格偏差。

2.分类数据

数据聚合（data aggregation）问题也会导致边界效应规模被严重高估。在估计地区间贸易流量时，如果没有区分批发和零售，将会导致数据中包含大量短距离的贸易流量数据，从而导致对边界效应的高估（Hillberry and Hummels，2003）。同样在测算储蓄—投资关系时，如果没有将政府那部分从总储蓄和总投资数据中剔除出来，将可能会得到系数为负的情形（Dekle，1996；Chan et al.，2011b）。此外，当使用综合价格指数数据时，也会导致价格收敛半衰期估计的向上偏差（Imbs et al.，2005）。Ho et al.（2015）利用1990—2010年中国24个省和196个地级市的面板数据，将省级和市级数据估算出来的消费风险分担水平进行比较，发现各省之间的风险分担程度远高于城市，这意味着当我们使用省级数据来测算资本市场一体化程度时会产生向上偏误。此外，一些研究还尝试使用微观数据来更精确地估算国家内部的边界效应（Hillberry and Hummels，2008；Choi et al.，2017；Brown et al.，2019）。例如，Choi et al.（2017）采用了48个美国城市45种商品的季度零售价格面板数据，证实了市场一体化程度在不同商品和城市对之间存在着巨大的差异。Gopinath et al.（2011）和Elberg（2016）在他们的分析中都使用了商店层面的价格数据，这有助于更好地控制商品和地理方面的异质性。

总的来说，早期那些显著边界效应的惊人发现以及以往文献无法得出市场一体化程度一致的证据，主要是由空间和数据聚合问题所造成的。换句话来说，早期研究并没有很好地区分距离效应和边界效应，边界效应的规模实际上是被高估了。因此，当采用更加精细的分析对象和分类数据后，我们能够更好更准确地测量国内边界效应的规模大小。

三、边界效应的成因和影响

有部分文献探讨了边界效应的成因及其影响效应。在使用贸易流方法的研究中，Wolf（2000）认为，垂直关联产业集群可以很好地解释国内贸易偏差。Crafts and Klein（2015）提供了这一观点的经验证据，他们发现，各产业选择的地理位置是美国州内本土偏好其中一个重要的解释。此外，Xu and Fan（2012）证实了更优越的商业环境可以有效地促进中国各省之间的贸易。Brown et al.（2019）的最新研究表明，企业网络降低了近75%省际边界效应对贸易的影响。在使用资本流方法的研究中，Chan et al.（2011b）提出中国政府通过使用各种财政工具（如税收、支出以及转移支付政策）来舒缓私人储蓄与投资之间的联系，从而提升国家内部地区间的资本流动性。还有部分文献探讨了地区提升风险分担水平的各种"渠道"（Du et al.，2011）。Asdrubali et al.（1996）率先提出了风险分担和消费平滑的三个重要渠道。首先，家庭可以通过在其他地区拥有生产性资产来帮助分担风险。其次，各地区还可以通过财政转移支付安排来共同承担风险。再次，家庭可以通过信贷市场借贷来进一步平滑消费和调整资产组合。采用方差分解法，他们发现在1963—1990年，39%的美国各州生产总值冲击由资本市场实现平滑，13%由联邦政府实现平滑，23%由各州的信贷市场实现平滑。Athanasoulis and Van Wincoop（2001）与他们使用了相同的数据，证实了仅有不到一半的州特定风险通过金融市场、联邦税收和转移系统进行风险分担。后续的研究进一步拓展了Asdrubali et al.（1996）的方法，来确定地区间的风险分担渠道（Du et al.，2011；Hepp and Von Hagen，2012；Ho et al.，2015）。Du et al.（2011）对中国省际风险分担渠道的研究表明，财政渠道的作用远不如非财政渠道大。Ho et al.（2015）使用地市级数据证实了地区间风险分担的程度较低。Hepp and Von Hagen（2012）研究了1970—2006年德国内部地区间的风险分担渠道，发现约19%的冲击由私人要素市场实现平滑，50%由政府部门实现平滑，另有17%由信贷市场实现平滑。

在使用价格法的研究中，有部分文献探讨了阻碍价格收敛的一系列可能的因素。一些研究证实了当地区间距离相对较远时，一价定律的偏差幅度和持续性都较高（Parsley and Wei，1996；Engel and Rogers，1996，2001；Fielding et al.，2015）。尽管Parsley and Wei（1996）表明运输成本（与距离相关的贸易成本）仅仅解释了国内和国际价格偏差中的一小部分差异，但后来的研究表明，城市之间的距离在很大程度上解释了所观察的价格偏差（Engel and Rogers，1996，2001）。Kano et al.（2022）的最新研究也认为，距离效应在导致日本各县市农产品批发市场价格差异中发挥了不可忽视的作用。Fielding et al.（2015）在解释地区间价格偏差时注意到了语言和文化的因素。他们利用加拿大和尼日利亚这两个文化多样性程度较高的国家的城市层面零售价格数据，来调查语言和文化因素在价格偏差中所起的作用。他们发现，语言和宗教差异对商品相对价格波动和持续性都有着显著影响。Ke（2015）利用中国省级商品价格指数数据发现，国内市场一体化程度与区域经济规模、交通基础设施以及科技支出正相关，同时与国际市场一体化程度和政府干预程度呈负相关关系。价格黏性也被发现与价格变化的持续性有一定的联系（Engel and Rogers，2001；Crucini et al，2010；Elberg，2016）。Elberg（2016）在他的研究中考察了价格刚性或黏性在边界效应保持不变的情况下，对地区间价格偏差所产生的影响效应。有证据表明，黏性价格有助于解释国内价格偏差，并随着距离的增加而增大。

第五节　本章小结

本章的主要结论是，后续研究在采用了更为精细的分析对象和分类数据后，证实了内部边界效应规模并没有早期研究观察到的那么大，但是仍然有两点值得注意的地方：第一，尽管行政边界对跨区域经济活动的影响效应并没有大得令人惊讶，但是其他"分割"形式，比如地理障碍的作用，也不容忽视。地区间的相对价格偏差总是由价格黏性和地理距离而产生的（Elberg，2016）。同样，跨地区的货物贸易运输也会因为地理障碍而受到限制（Martínez-San Román et al., 2017；Brown et al., 2019）。第二，我们的结论是基于本章回顾的三种主要方法的研究结果得出的，但仍然有些研究尝试使用不同的方法测算了内部边界效应（Herrmann-Pillath et al., 2014；Eberhardt et al., 2016）。例如，Eberhardt et al.（2016）使用了"非法"药品广告信息披露的企业层面数据，证实了省级地方政府利用药品广告审查来歧视非本地公司，人为制造贸易壁垒。他们进一步证明了，如果非本地公司是来自与本地经济联系更为紧密的其他省份，抑或是该省医药行业市场占有率更高且政治关联更为紧密的其他省份的话，本地审查的力度会大大降低。

参考文献

[1]   ADAMS S, SAKYI D. Globalisation, democracy, and government spending in Sub-Saharan Africa: evidence from panel data[M]//Delic Z, et al. Globalisation and responsibility. Rusten: InTech, 2012.

[2]   ADSERÀ A, BOIX C. Trade, democracy, and the size of the public sector: the political underpinnings of openness[J]. International Organizations, 2002, 56(2): 229-262.

[3]   AGHION P, BLOOM N, BLUNDELL R, et al. Competition and innovation: An inverted-u relationship[J]. Quarterly Journal of Economics, 2005, 120(2): 701-728.

[4]   AGNOSTEVA D E, ANDERSON J E, YOTOV Y V. Intra-national trade costs: assaying regional frictions[J]. European Economic Review, 2019, 112: 32-50.

[5]   ALESINA A, WACZIARG R. Openness, country size and government[J]. Journal of Public Economics, 1998, 69(3): 305-321.

[6]   ANDERSON J E, VAN WINCOOP E. Trade costs[J]. Journal of Economic Literature, 2004, 42(3): 691-751.

[7]   ASDRUBALI P, KIM S. Incomplete intertemporal consumption smoothing and incomplete risk sharing[J]. Journal of Money, Credit and Banking, 2008, 40(7): 1521-1531.

[8]   ASDRUBALI P, SORENSEN B E, YOSHA O. Channels of interstate risk sharing: United States 1963–1990[J]. Quarterly Journal of Economics, 1996, 111(4): 1081-1110.

[9]   ATHANASOULIS S G, VAN WINCOOP E. Risk sharing within the United States: what do financial markets and fiscal federalism accomplish? [J]. Review of Economics and Statistics, 2001, 83(4): 688-698.

[10] AVELINO G, BROWN D S, HUNTER W. The effects of capital mobility, trade openness, and democracy on social spending in Latin America, 1980–1999[J]. American Journal of Political Science, 2005, 49(3): 625-641.

[11] BACKUS D K, KEHOE P J, KYDLAND F E. International real business cycles[J]. Journal of Political Economy, 1992, 100: 745-775.

[12] BAI C E, DU Y J, TAO Z G, et al. Local protectionism and regional specialisation: evidence from China's industries[J]. Journal of International Economics, 2004, 63(2): 397-417.

[13] BAI C E, TAO Z G, TONG Y T. Bureaucratic integration and regional specialisation in China[J]. China Economic Review, 2008, 19(2): 308-319.

[14] BALLE F, VAIDYA A. A regional analysis of openness and government size[J]. Applied Economics Letters, 2002, 9(5): 289-292.

[15] BAYOUMI T A, ROSE A K. Domestic savings and intra-national capital flows[J]. European Economic Review, 1993, 37: 1197-1202.

[16] BAYOUMI T A, KLEIN M W. A provincial view of economic integration[J]. IMF Staff Papers, 1997, 44(4): 534-556.

[17] BECKER S O, HOFFMANN M. Intra- and international risk-sharing in the short run and the long run[J]. European Economic Review, 2006, 50: 777-806.

[18] BEMROSE R K, BROWN W M, TWEEDLE J. Going the distance: estimating the effect of provincial borders on trade when geography (and everything else) matters[J]. Canadian Journal of Economics, 2020, 53(3): 1098-1131.

[19] BENARROCH M, PANDEY M. Trade openness and government size[J]. Economics Letters, 2008, 101(3): 157-159.

[20] BERNAUER T, ACHINI C. From 'real' to 'virtual' states? Integration of the world economy and its effects on government activity[J]. European Journal of International Relations, 2000, 6(2): 223-276.

[21] BLANCHARD O, SHLEIFER A. Federalism with and without Political Centralisation: China versus Russia[J]. IMF Staff Papers, 2001, 48: 171-179.

[22] BLOOM N, DRACA M, VAN REENEN J. Trade induced technical change?

The impact of chinese imports on innovation, IT and productivity[J]. Review of Economic Studies, 2016, 83(1): 87-117.

[23] BOYREAU-DEBRAY G, WEI S J. Can China grow faster? A diagnosis of the fragmentation of its domestic capital market[Z]. IMF Working Paper, 2004, 76.

[24] BOYREAU-DEBRAY G, WEI S J. Pitfalls of a state-dominated financial system: the case of China[Z]. NBER Working Paper, 2005, 11214.

[25] BRETSCHGER L, HETTICH F. Globalisation, capital mobility and tax competition: theory and evidence for OECD countries[J]. European Journal of Political Economy, 2002, 18(4): 695-716.

[26] BRIANT A, COMBES P P, LAFOURCADE M. Dots to boxes: do the size and shape of spatial units jeopardize economic geography estimations? [J]. Journal of Urban Economics, 2010, 67: 287-302.

[27] BROWN W M, DAR-BRODEUR A, TWEEDLE J. Firm networks, borders, and regional economic integration[J]. Journal of Regional Science, 2019, 60(2): 1-22.

[28] CAMERON D R. The expansion of the public economy: a comparative analysis[J]. American Political Science Review, 1978, 72(4): 1243-1261.

[29] CARLSEN F, LANGSET B, ROTTSØ J. The relationship between firm mobility and tax level: empirical evidence of fiscal competition between local governments[J]. Journal of Urban Economics, 2005, 58(2): 273-288.

[30] CAVALIERE G, FANELLI L, GARDINI A. Regional consumption dynamics and risk sharing in Italy[J]. International Review of Economics and Finance, 2006, 15: 525-542.

[31] CECCHETTI S G, MARK N C, SONORA R J. Price index convergence among United States cities[J]. International Economic Review, 2002, 43(4): 1081-1099.

[32] CEGLOWSKI J. The law of one price: intranational evidence for Canada[J]. Canadian Journal of Economics, 2003, 36(2): 373-400.

[33] CHAHROUR R, STEVENS L. Price dispersion and the border effect[J]. Journal of Monetary Economics, 2020, 116: 135-146.

[34] CHAN K S, DANG V Q T, JIANG M, et al. On China's domestic capital mobility and the role of the government: empirical evidence over 1970–2006[J]. World Economy, 2011, 34(7): 1216-1236.

[35] CHAN K S, DANG V Q T, LAI J T, et al. Regional capital mobility in China: 1978–2006[J]. Journal of International Money and Finance, 2011, 30: 1506-1515.

[36] CHAN K S, LAI J T, YAN I K M. Consumption risk sharing and self-insurance across provinces in China: 1952–2008[J]. China Economic Review, 2014, 30: 66-85.

[37] CHEUNG K Y, LIN P. Spillover effects of FDI on innovation in China: Evidence from the provincial data[J]. China Economic Review, 2004, 15(1): 25-44.

[38] CHOI C Y, MATSUBARA K. Heterogeneity in the persistence of relative prices: what do the Japanese cities tell us?[J]. Journal of Japanese International Economies, 2007, 21: 260-286.

[39] CHOI C Y, MURPHY A, WU J L. Segmentation of consumer markets in the US: what do intercity price differences tell us?[J]. Canadian Journal of Economics, 2017, 50(3): 738-777.

[40] COMBES P P, LAFOURCADE M, MAYER T. The trade-creating effects of business and social networks: evidence from France[J]. Journal of International Economics, 2005, 66: 1-29.

[41] COUGHLIN C C, NOVY D. Is the international border effect larger than the domestic border effect? Evidence from US trade[J]. CESifo Economic Studies, 2013, 59(2): 249-276.

[42] COUGHLIN C C, NOVY D. Estimating border effects: the impact of spatial aggregation[J]. International Economic Review, 2021, 62(4): 1453-1487.

[43] CRAFTS N, KLEIN A. Geography and intra-national home bias: U.S.

domestic trade in 1949 and 2007[J]. Journal of Economic Geography, 2015, 15(3): 477-497.

[44] CRUCINI M J. On international and national dimensions of risk sharing[J]. Review of Economics and Statistics, 1999, 81(1): 73-84.

[45] CRUCINI M J, Hess G D. International and intranational risk sharing[Z]. CESifo Working Paper, 1999, 227: 1-27.

[46] CRUCINI M J, SHINTANI M. Persistence in law of one price deviations: evidence from micro-data[J]. Journal of Monetary Economics, 2008, 55: 629-644.

[47] CRUCINI M J, SHINTANI M, TSURUGA T. The law of one price without the border: the role of distance versus sticky prices[J]. Economic Journal, 2010, 120 (544): 462-680.

[48] CULVER S E, PAPELL D H. Panel evidence of purchasing power parity using intranational and international data[D]. University of Houstonm, Mimeo, 1999.

[49] CURTIS C C, MARK N. Business cycles, consumption and risk-sharing: how different is China?[Z]. NBER Working Paper, 2010, 16154: 1-32.

[50] CUSACK T R. Partisan politics and public finance: changes in public spending in the industrialized democracies 1955–1989[J]. Public Choice, 1997, 80: 157-172.

[51] DAUMAL M, ZIGNAGO S. Measure and determinants of border effects of Brazilian states[J]. Papers in Regional Science, 2010, 89(4): 735-758.

[52] DAWSON P S, SOKOLOFF A. An analysis of government expenditure and trade liberalisation[J]. Applied Economics, 2005, 37(6): 1881-1884.

[53] DECRESSIN J, DISYATAT P. Productivity shocks and the current account: an alternative perspective of capital market integration[J]. Journal of International Money and Finance, 2008, 27: 897-914.

[54] DEKLE R. Saving-investment associations and capital mobility: on the evidence from Japanese regional data[J]. Journal of International Economics, 1996, 41: 53-72.

[55] DREHER A. The influence of globalisation on taxes and social policy: an empirical analysis for OECD countries[J]. European Journal of Political Economy, 2006, 22(1): 179-201.

[56] DREHER A, GASTON N, MARTENS P. Measuring globalisation: gauging its consequences[M]. Berlin: Springer, 2008.

[57] DREHER A, STURM J E, URSPRUNG H W. The impact of globalization on the composition of government expenditures: evidence from panel data[J]. Public Choice, 2008, 134(3-4): 263-292.

[58] DU J L, HE Q, RUI O M. Channels of interprovincial risk sharing in China[J]. Journal of Comparative Economics, 2011, 39: 383-405.

[59] DURANTON G, GOBILLON L, OVERMAN H G. Assessing the effects of local taxation using microgeographic data[J]. Economic Journal, 2011, 121: 1017-1046.

[60] EBERHARDT M, WANG Z, YU Z H. From one to many central plans: drug advertising inspections and intra-national protectionism in China[J]. Journal of Comparative Economics, 2016, 44: 608-622.

[61] ELBERG A. Sticky prices and deviations from the law of one price: evidence from Mexican micro-price data[J]. Journal of International Economics, 2016, 98: 191-203.

[62] ENGEL C, ROGERS J H. How wide is the border? [J]. American Economic Review, 1996, 86(5): 1112-1125.

[63] ENGEL C, ROGERS J H. Violating the law of one price: should we make a federal case out of it? [J]. Journal of Money, Credit and Banking, 2001, 33(1): 1-15.

[64] EVANS C L. The economic significance of national border effects[J]. American Economic Review, 2003, 93(4): 1291-1312.

[65] FAN S, WEI X D. The law of one price: evidence from the transitional economy of China[J]. Review of Economics and Statistics, 2006, 88(4): 682-697.

[66] FELD L P, KIRCHGÄSSNER G, SCHALTEGGER C A. Decentralised taxation and the size of government: evidence from Swiss state and local governments[J]. Southern Economic Journal, 2010, 77(1): 27-48.

[67] FELDSTEIN M S, HORIOKA C Y. Domestic savings and international capital flows[J]. Economic Journal, 1980, 90(358): 314-329.

[68] FERRIS J S, PARK S B, WINER S L. Studying the role of political competition in the evolution of government size over long horizons[J]. Public Choice, 2008, 137(1): 369-401.

[69] FIELDING D, HAJZLER C, MACGEE J. Distance, language, religion, and the law of one price: evidence from Canada and Nigeria[J]. Journal of Money, Credit and Banking, 2015, 47(5): 1007-1029.

[70] FIGLIO D N, BLONIGEN B A. The effects of foreign direct investment on local communities[J]. Journal of Urban Economics, 2000, 48(2): 338-363.

[71] FRANKEL J A. Measuring international capital mobility: a review[J]. American Economic Review, 1992, 82(2): 197-202.

[72] FU X. Foreign direct investment, absorptive capacity and regional innovation capabilities: Evidence from China[J]. Oxford Development Studies, 2007, 36(1): 89-110.

[73] GAREN J, TRASK K. Do more open economies have bigger government? Another Look[J]. Journal of Development Economics, 2005, 70: 533-551.

[74] GARRETT G. Capital mobility, trade, and the domestic politics of economic policy[J]. International Organization, 1995, 49(4): 657-687.

[75] GARRETT G.Global markets and national politics: collision course or virtuous circle? [J]. International Organisation, 1998, 52(4): 787-824.

[76] GARRETT G. Globalisation and government spending around the world[J]. Studies in Comparative International Development, 2001, 35: 3-29.

[77] GARRETT G, MITCHELL D. Globalisation, government spending and taxation in the OECD[J]. European Journal of Political Research, 2001, 39(2): 145-177.

[78] GEMMELL N, KNELLER R, SANZ I. Foreign investment, international trade and the size and structure of public expenditures[J]. European Journal of Political Economy, 2008, 24(1): 151-171.

[79] GÓES G, MATHESON T. Domestic market integration and the law of one price in Brazil[J]. Applied Economics Letters, 2017, 24(5): 284-288.

[80] GOPINATH G, GOURINCHAS P O, HSIEH C T, et al. Estimating the border effect: some new evidence[J]. American Economic Review, 2011, 101(6): 2450-2486.

[81] GÖRG H, GREENAWAY D. Much ado about nothing? Do domestic firms really benefit from foreign direct investment?[J]. The World Bank Research Observer, 2004, 19(2): 171-197.

[82] GROSSMAN G M, HELPMAN E. Globalization and growth[J]. American Economic Review, 2015, 105(5): 100-104.

[83] GUO G. Race to the top or to the bottom: globalisation and education spending in China, Paper prepared for presentation at the 16th Annual Conference on Global Economic Analysis, June 12th–14th, Shanghai, China, 2013.

[84] HASHIGUCHI Y, CHEN K H. Has China's interregional capital mobility been low? A spatial econometric estimation of the Feldstein-Horioka equation, MPRA Paper, 2010, 24595: 1-9.

[85] HEAD K, MAYER T. Illusory border effects: distance mismeasurement inflates estimates of home bias in trade[Z]. CEPII Working Paper, 2002, 1.

[86] HELLIWELL J F, MCKITRICK R. Comparing capital mobility across provincial and national borders[J]. Canadian Journal of Economics, 1999, 32(5): 1164-1173.

[87] HELLIWELL J F, VERDIER G. Measuring internal trade distances: a new method applied to estimate provincial border effects in Canada[J]. Canadian Journal of Economics, 2001, 34(4): 1024-1041.

[88] HEPP R, VON HAGEN J. Interstate risk sharing in Germany: 1970–2006[J]. Oxford Economic Papers, 2012, 65(1): 1-24.

[89] HERRMANN-PILLATH C, LIBMAN A, YU X. Economic integration in China: Politics and Culture[J]. Journal of Comparative Economics, 2014, 42(2): 470-492.

[90] HESS G D, SHIN K. Intranational business cycles in the United States[J]. Journal of International Economics, 1998, 44(2): 289-313.

[91] HILLBERRY R, HUMMELS D. Explaining home bias in consumption: the role of intermediate input trade[Z]. NBER Working Paper, 2002, 9020.

[92] HILLBERRY R, HUMMELS D. Intranational home bias: some explanations[J]. Review of Economics and Statistics, 2003, 85(4): 1089-1092.

[93] HILLBERRY R, HUMMELS D. Trade responses to geographic frictions: a decomposition using micro-data[J]. European Economic Review, 2008, 52: 527-550.

[94] HILLBERRY R H. Aggregation bias, compositional change, and the border effect[J]. Canadian Journal of Economics, 2002, 35(3): 517-530.

[95] HISCOX M J, KASTNER S L. Trade policy openness, government spending, and democratic consolidation: a preliminary analysis[C]. Paper presented at the Annual Meeting of the International Studies Association, Montreal, 2004.

[96] HO C Y, HO W Y A, LI D. Consumption fluctuations and welfare: evidence from China[J]. World Development, 2010, 38(9): 1315-1327.

[97] HO C Y, HO W Y A, LI D. Intranational risk sharing and its determinants[J]. Journal of International Money and Finance, 2015, 51: 89-113.

[98] HOLZ C A. No razor's edge: reexamining Alwyn Young's evidence for increasing inter-provincial trade barriers in China[J]. The Review of Economics and Statistics, 2009, 91(3): 599-616.

[99] HUBER E, RAGIN J, STEPHENS J. Social democracy, constitutional structure and the welfare state[J]. American Journal of Sociology, 1993, 99: 711-749.

[100] IMBS J, MUMTAZ H, RAVN M O, et al. PPP strikes back: aggregation and the real exchange rate[J]. Quarterly Journal of Economics, 2005, 120: 1-43.

[101] ISLAM M Q. The long run relationship between epenness and government size: evidence from bounds test[J]. Applied Economics, 2004(36): 995-1000.

[102] IWAMOTO Y, WINCOOP E. Do border matter? evidence from Japanese regional net capital flows[J]. International Economic Review, 2000, 41(1): 241-269.

[103] JIA J X, GUO Q W, ZHANG J. Fiscal decentralisation and local expenditure policy in China[J]. China Economic Review, 2014, 28(1): 107-122.

[104] JIANG M M. Saving-investment association and regional capital mobility in China: a nonparametric panel approach[J]. Pacific Economic Review, 2014, 19(2): 184-200.

[105] JIN H H, QIAN Y Y, WEINGAST B R. Regional decentralisation and fiscal incentives: federalism, Chinese style[J]. Journal of Public Economics, 2005, 89(9-10): 1719-1742.

[106] KANO K, KANO T, TAKECHI K. The price of distance: pricing-to-market and geographic barriers[J]. Journal of Economic Geography, 2022, 22(4): 873.

[107] KAUFMAN R R, SEGURA-UBIERGO A. Globalisation, domestic politics, and social spending in Latin America: a time-series cross-section analysis[J]. World Politics, 2001, 53(4): 553-587.

[108] KELLER W. International trade, foreign direct investment, and technology spillovers[Z]. Handbook of the Economics of Innovation. Elsevier B.V, 2010.

[109] KE S Z. Domestic market integration and regional economic growth: China's recent experience from 1995–2011[J]. World Development, 2015, 66: 588-597.

[110] KIRIYAMA N. Trade and innovation: synthesis report[Z]. OECD Trade Policy Papers, 2012.

[111] KITTEL B, WINNER H. How reliable is pooled analysis in political economy? The globalization-welfare state nexus revisited[J]. European Journal of Political Research, 2005, 44(2): 269-293.

[112] KLOVLAND J T. Commodity market integration 1850–1913: evidence from

Britain and Germany[J]. European Review of Economic History, 2005, 9(2): 163-197.

[113] LAI J T, MCNELIS P D, YAN I K M. Regional capital mobility in China: economic reform with limited financial integration[J]. Journal of International Money and Finance, 2013, 37: 493-503.

[114] LAN Y X, SYLWESTER K. Does the law of one price hold in China? Testing price convergence using disaggregated data[J]. China Economic Review, 2010, 21: 224-236.

[115] LI C. Savings, investment, and capital mobility within China[J]. China Economic Review, 2010, 21: 14-23.

[116] LI H B, ZHOU L A. Political turnover and economic performance: the incentive role of personnel control in China[J]. Journal of Public Economics, 2005, 89(9-10): 1743-1762.

[117] LIU Q, QIU L D. Intermediate input imports and innovations: Evidence from Chinese firms ' patent filings[J]. Journal of International Economics, 2016, 103: 166-183.

[118] LIU X, BUCK T. Innovation performance and channels for international technology spillovers: Evidence from Chinese high-tech industries[J]. Research Policy, 2007, 36(3): 355-366.

[119] LLANO C, MINONDO A, REQUENA F. Is the border effect an artefact of geographical aggregation? [J]. The World Economy, 2011, 34(10): 1771-1787.

[120] LU Y, NG T. Do Imports Spur Incremental Innovation in the South? [J]. China Economic Review, 2012, 23(4): 819-832.

[121] MARTÍNEZ-SAN ROMÁN V, MATEO-MANTECÓN I, SAINZ-GONZÁLEZ R. Intra-national home bias: new evidence from the United States commodity flow survey[J]. Economics Letters, 2017, 151: 4-9.

[122] MASKIN E, QIAN Y, XU C. Incentives, Information, and Organisation Forms[J]. Review of Economic Studies, 2000, 67(2): 359-378.

[123] MCCALLUM J. National borders matter: Canada-U.S. regional trade

patterns[J]. American Economic Review, 1995, 85(3): 615-623.

[124] MILLIMET D L, OSANG T. Do state borders matter for U.S. intranational trade? The role of history and internal migration[J]. Canadian Journal of Economics, 2007, 40(1): 93-126.

[125] MO C, HE C, YANG L. Structural characteristics of industrial clusters and regional innovation[J]. Economics Letters, 2020, 188.

[126] MOLANA H, MONTAGNA C, VIOLATO M. On the causal relationship between trade openness and government size: evidence from 23 OECD countries[J]. Dundee Discussion Papers in Economics, 2004, 18(1): 95-118.

[127] MORSHED A K M M, AHN S K, LEE M. Price convergence among Indian cities: a conintegration approach[D]. Open SIUC Discussion Papers, 2005, 33: 1-22.

[128] MORSHED A K M M. Border effects in the variability of rice price in the Indian subcontinent: results from a natural experiment[J]. Journal of Asian Economics, 2011, 22: 295-301.

[129] MOURAO P R. Has trade openness increased all Portuguese public expenditures? A detailed time-series study[J]. Financial Theory and Practice, 2007, 31(3): 225-247.

[130] NAUGHTON B. How much can regional integration do to unify China's markets?[M]//Hope H, Yang D, Li M Y, eds. How far across the river? Chinese policy reform at the Millennium. Stanford: Stanford University Press, 2003.

[131] NING L, WANG F, LI J. Urban innovation, regional externalities of foreign direct investment and industrial agglomeration: Evidence from Chinese cities[J]. Research Policy, 2016, 45(4): 830-843.

[132] OBSTFELD M. Are industrial-country consumption risks globally diversified?[M]//Leidermanand L, Razin A, eds. Capital mobility: the impact on consumption, investment and growth. New York: Cambridge University Press, 1994.

[133] OBSTFELD M, ROGOFF K. The six major puzzles in international

macroeconomics: is there a common cause?[Z]. NBER Macroeconomics Annal, 2000, 15: 339-390.

[134] O'CONNELL P G J, WEI S J. 'The Bigger They Are, the Harder They Fall': Retail Price Differences across U.S. Cities[J]. Journal of International Economics, 2002, 56(1): 21-53.

[135] PARK A, DU Y. Blunting the razor's edge: regional development in reform China[Z]. Mimeo, Hongkong, 2003.

[136] PARSLEY D C, WEI S J. Convergence to the law of one price without trade barriers or currency fluctuations[J]. Quarterly Journal of Economics, 1996, 111(4): 1211-1236.

[137] PARSLEY D C, WEI S J. Explaining the border effect: the role of exchange rate variability, shipping costs, and geography[J]. Journal of International Economics, 2001, 55: 87-105.

[138] PONCET S. A fragmented China: measure and determinants of Chinese domestic market disintegration[J]. Review of International Economics, 2005, 13(3): 409-430.

[139] PONCET S. Domestic market fragmentation and economic growth in China[C]. ERSA Conference Paper, 2003.

[140] PONCET S. Domestic price integration and economic performance in China[M]//J Chen, S J Yao(eds.) Globalisation, Competition and Growth in China. Routledge, 2006.

[141] PONCET S. Measuring Chinese domestic and international integration[J]. China Economic Review, 2003, 14: 1-21.

[142] PONTINES V. A provincial view of consumption risk sharing in Korea: asset classes as shock absorbers[J]. Journal of The Japanese and International Economies, 2020, 55.

[143] QIAN Y Y, WEINGAST B R. Federalism as a Commitment to Preserving Market Incentives[J]. Journal of Economic Perspectives, 1997, 11(4): 83-92.

[144] QIAN Y Y, ROLAND G. Federalism and the soft budget constraint[J]. The

American Economic Review, 1998, 88(5): 1143-1162.

[145] QI L. Capital flows and domestic market integration in China[J]. Journal of Chinese Economic and Business Studies, 2010, 8(1): 67-94.

[146] QUINN D. The correlates of change in international financial regulation[J]. American Political Science Review, 1997, 91(3): 531-551.

[147] RAM R. Openness, country size, and government size: additional evidence froma large cross-country panel[J]. Journal of Public Economics, 2009(93): 213-218.

[148] RENARD M F, MOULIN L. Market Integration across Regions[M]//Wu H M, Yao Y, eds. Reform and Development in China: What can China Offer the Developing World? Routledge, 2010.

[149] REQUENA F, LLANO C. The border effects in Spain: an industry-level analysis[J]. Empirica, 2010, 37: 455-476.

[150] RODRIK D. Has globalisation gone too far? Institute for International Economics[Z]. Washington D.C., 1997.

[151] RODRIK D. Why do more open economies have bigger governments? [J]. Journal of Political Economy, 1998, 106(5): 997-1032.

[152] ROZELLE S, PARK A, HUANG J K, et al. Liberalisation and rural market integration in China[J]. American Journal of Agricultural Economics, 1997, 79(2): 635-642.

[153] RUDRA N. Globalisation and the race to the bottom in developing countries: who really gets hurt?[M]. Cambridge: Cambridge University Press, 2008.

[154] SÁENZ E, SABATÉ M, GADEA M D. Trade openness and public expenditure: the Spanish case, 1960–2000[J]. Public Choice, 2013, 154(3): 173-195.

[155] SHANG Q Y, POON J PH, YUE Q T. The role of regional knownledge spillovers on China's innovation[J]. China Economic Review, 2012, 23: 1164-1175.

[156] SHU P, STEINWENDER C. The impact of trade liberalization on firm productivity and innovation[Z]. NBER Working Paper, 2018, 24715.

[157] SINN S. Saving-investment correlations and capital mobility: one the evidence from annual data[J]. Economic Journal, 1992, 102(414): 1162-1170.

[158] SONORA R J. City CPI convergence in Mexico[J]. Review of Development Economics, 2005, 9(3): 359-367.

[159] TANZI V. Globalisation and the future of social protection[J]. Scottish Journal of Political Economy, 2002, 49(1): 116-127.

[160] THOMAS A H. Saving, investment, and the regional current account: an analysis of Canadian, British, and German regions[Z]. IMF Working Paper, 1993, 62.

[161] VAN WINCOOP E. Regional risk-sharing[J]. European Economic Review, 1995, 37: 1545-1567.

[162] WANG S K. China's interregional capital mobility: a spatial econometric estimation[J]. China Economic Review, 2016, 41: 114-128.

[163] WHITING S. Power and wealth in rural China: the political economy of institutional change[M]. Cambridge: Cambridge University Press, 2001.

[164] WIMANDA R E. Price variability and price convergence: evidence from Indonesia[J]. Journal of Asian Economics, 2009, 20: 427-442.

[165] WOLF H C. Intranational home bias in trade[J]. Review of Economics and Statistics, 2000, 82(4): 555-563.

[166] WOLF N. Was Germany ever united? Evidence from intra- and international trade, 1885–1933[J]. Journal of Economic History, 2009, 69(3): 846-881.

[167] WU A M, LIN M. Determinants of government size: evidence from China[J]. Public Choice, 2012, 151(1): 255-270.

[168] XING W B, LI S T. Home bias, border effect and internal market integration in China: evidence from inter-provincial value-added tax statistics[J]. Review of Development Economics, 2011, 15(3): 491-503.

[169] XING W B, Whalley J. The golden tax project, value-added tax statistics, and the analysis of internal trade in China[J]. China Economic Review, 2014, 30: 448-458.

[170] XU X P. Consumption risk-sharing in China[J]. Economica, 2008, 75: 326-341.

[171] XU X X, WANG X B, GAO Y H. The political economy of regional development in China[M]//Lu M, Chen Z, Zhu X W, et al. China's Regional Development: Review and Prospect. Routledge, 2013.

[172] XU Z H, FAN J Y. China's regional trade and domestic market integrations[J]. Review of International Economics, 2012, 20(5): 1052-1069.

[173] YAMORI N. The relationship between domestic savings and investment: the Feldstein-Horioka test using Japanese regional data[J]. Economic Letters, 1995, 48: 361-366.

[174] YAN K, CHAN S, DANG T, LAI T. Regional capital mobility in China: 1978–2006[J]. Journal of International Money and Finance, 2011, 30(7): 1506-1515.

[175] YILMAZKUDAY H. Understanding interstate trade patterns[J]. Journal of International Economics, 2012, 86: 158-166.

[176] YOUNG A. The razor's edge: distortions and incremental reform in the People's Republic of China[J]. The Quarterly Journal of Economics, 2000, CXV(4): 1091-1135.

[177] ZHANG H. How does agglomeration promote the product innovation of Chinese firms? [J]. China Economic Review, 2015, 35: 105-120.

[178] ZHANG Y, ROELFSEMA H. Globalization, foreign direct investment, and regional innovation in China[J]. Journal of International Commerce, Economics and Policy, 2014, 5(3): 1-26.

[179] ZHOU L A, CHEN Y, LI H B. Relative performance evaluation and the turnover of pronncial leaders in China[J]. Economic Letters, 2005, 88: 421-425.

[180] ZHOU Z Y, WAN G H, CHEN L B. Integration of rice markets: the case of southern China[J]. Contemporary Economic Policy, 2000, 18(1): 95-106.

[181] 白重恩, 等.地方保护主义及产业地区集中度的决定因素和变动趋势[J]. 经济研究, 2004(4): 29-40.

[182] 曹春方, 张婷婷, 刘秀梅.市场分割提升了国企产品市场竞争地位?[J].金融研究, 2018(3): 121-136.

[183] 曹春方, 等.市场分割与异地子公司分布[J].管理世界, 2015(9): 92-103, 169, 187-188.

[184] 陈媛媛.市场分割下的地区市场规模对工业部门出口的影响研究——只是简单的线性关系么?[J].世界经济研究, 2012(4): 35-40, 88.

[185] 范子英, 张军.财政分权、转移支付与国内市场整合[J].经济研究, 2010, 45(3): 53-64.

[186] 付强, 乔岳.政府竞争如何促进了中国经济快速增长: 市场分割与经济增长关系再探讨[J].世界经济, 2011, 34(7): 43-63.

[187] 高凌云, 毛日昇.贸易开放、引致性就业调整与我国地方政府实际支出规模变动[J].经济研究, 2011, 46(1): 42-56.

[188] 桂琦寒, 等.中国国内商品市场趋于分割还是整合: 基于相对价格法的分析[J].世界经济, 2006(2): 20-30.

[189] 郭勇.国际金融危机、区域市场分割与工业结构升级——基于1985—2010年省际面板数据的实证分析[J].中国工业经济, 2013(1): 19-31.

[190] 国务院发展研究中心"中国统一市场建设"课题组.中国国内地方保护的调查报告——非企业抽样调查结果的初步分析[J].经济研究参考, 2004(18): 31-38.

[191] 何智美, 王敬云.地方保护主义探源——一个政治晋升博弈模型[J].山西财经大学学报, 2007(5): 1-6.

[192] 胡向婷, 张璐.地方保护主义对地区产业结构的影响——理论与实证分析[J].经济研究, 2005(2): 102-112.

[193] 黄玖立, 李坤望.出口开放、地区市场规模和经济增长[J].经济研究, 2006(6): 27-38.

[194] 黄赜琳, 王敬云.地方保护与市场分割: 来自中国的经验数据[J].中国工业经济, 2006(2): 60-67.

[195] 李杰, 孙群燕.从啤酒市场整合程度看WTO对消除地方保护的影响[J].世界经济, 2004(6): 37-45, 80.

[196] 李善同, 等.中国国内地方保护问题的调查与分析[J].经济研究, 2004(11): 78-84, 95.

[197] 林毅夫, 刘培林.地方保护和市场分割: 从发展战略的角度考察.北京大学中国经济研究中心讨论稿系列, No.C2004015, 2004.

[198] 刘凤委, 于旭辉, 李琳.地方保护能提升公司绩效吗——来自上市公司的经验证据[J].中国工业经济, 2007(4): 21-28.

[199] 刘培林.地方保护和市场分割的损失[J].中国工业经济, 2005(4): 69-76.

[200] 刘瑞明.国有企业、隐性补贴与市场分割: 理论与经验证据[J].管理世界, 2012(4): 21-32.

[201] 刘小勇, 李真.财政分权与地区市场分割实证研究[J].财经研究, 2008(2): 88-98.

[202] 陆铭, 陈钊, 严冀.收益递增、发展战略与区域经济的分割[J].经济研究, 2004(1): 54-63.

[203] 陆铭, 陈钊, 杨真真.平等与增长携手并进——收益递增、策略性行为和分工的效率损失[J].经济学(季刊), 2007(2): 443-468.

[204] 陆铭, 陈钊.分割市场的经济增长——为什么经济开放可能加剧地方保护?[J].经济研究, 2009, 44(3): 42-52.

[205] 路江涌、陶志刚.我国制造业区域集聚程度决定因素的研究[J]. 经济学(季刊), 2007(3): 801-816.

[206] 吕越, 盛斌, 吕云龙.中国的市场分割会导致企业出口国内附加值率下降吗[J].中国工业经济, 2018(5): 5-23.

[207] 吕越, 田琳, 吕云龙.市场分割会抑制企业高质量创新吗?[J].宏观质量研究, 2021, 9(1): 29-44.

[208] 毛捷, 管汉晖, 林智贤.经济开放与政府规模——来自历史的新发现(1850—2009)[J].经济研究, 2015, 50(7): 87-101.

[209] 毛其淋, 盛斌.对外经济开放、区域市场整合与全要素生产率[J].经济学(季刊), 2011, 11(1): 181-210.

[210] 梅冬州, 龚六堂.开放真的导致政府规模扩大吗?——基于跨国面板数据的研究[J].经济学(季刊), 2012, 12(1): 243-264.

[211] 皮建才.中国地方政府间竞争下的区域市场整合[J].经济研究, 2008(3): 115-124.

[212] 平新乔.政府保护的动机与效果——一个实证分析[J].财贸经济, 2004(5): 3-10, 95.

[213] 沈立人, 戴园晨.我国"诸侯经济"的形成及其弊端和根源[J].经济研究, 1990(3): 12-19, 67.

[214] 宋渊洋, 单蒙蒙.市场分割、企业经营效率与出口增长[J].上海经济研究, 2013, 25(4): 39-49.

[215] 宋渊洋, 黄礼伟.为什么中国企业难以国内跨地区经营?[J].管理世界, 2014(12): 115-133.

[216] 王德祥, 张权.FDI与地方政府财政支出结构的关系研究——基于中国东、中、西部地区29个省市区面板数据[J].财贸研究, 2011, 22(1): 66-72.

[217] 王小龙, 李斌.经济发展、地区分工与地方贸易保护[J].经济学(季刊), 2002(2): 625-638.

[218] 王志涛, 文启湘.政府消费、政府规模与经济全球化[J].财政研究, 2004(9): 5-8.

[219] 徐保昌, 谢建国.市场分割与企业生产率: 来自中国制造业企业的证据[J].世界经济, 2016, 39(1): 95-122.

[220] 杨灿明, 孙群力.外部风险对中国地方政府规模的影响[J].经济研究, 2008, 43(9): 115-121, 160.

[221] 银温泉, 才婉茹.我国地方市场分割的成因和治理[J].经济研究, 2001(6): 3-12, 95.

[222] 喻闻, 黄季琨.从大米市场整合程度看我国粮食市场改革[J].经济研究, 1998(3): 52-59.

[223] 张杰, 张培丽, 黄泰岩.市场分割推动了中国企业出口吗?[J].经济研究, 2010, 45(8): 29-41.

[224] 张杰, 周晓艳, 李勇.要素市场扭曲抑制了中国企业R&D?[J].经济研究, 2011, 46(8): 78-91.

[225] 赵奇伟, 熊性美.中国三大市场分割程度的比较分析: 时间走势与区域差

异 [J].世界经济, 2009(6): 41-53.

[226] 赵玉奇, 柯善咨.市场分割、出口企业的生产率准入门槛与"中国制造" [J].世界经济, 2016, 39(9): 74-98.

[227] 郑毓盛, 李崇高.中国地方分割的效率损失 [J].中国社会科学, 2003(1): 64-72, 205.

[228] 周黎安.晋升博弈中政府官员的激励与合作——兼论我国地方保护主义和重复建设问题长期存在的原因 [J].经济研究, 2004(6): 33-40.

[229] 周黎安.中国地方官员的晋升锦标赛模式研究 [J].经济研究, 2007(7): 36-50.

[230] 朱恒鹏.地区间竞争、财政自给率和公有制企业民营化[J].经济研究, 2004(10): 24-34.

[231] 朱希伟, 金祥荣, 罗德明.国内市场分割与中国的出口贸易扩张[J].经济研究, 2005(12): 68-76.

[232] 踪家峰, 蔡伟贤.中国地方财政支出趋同研究[J].财贸经济, 2008(7): 41-45.

[233] 邹武鹰, 亓朋, 许和连.贸易开放度与中国政府支出 [J].财经理论与实践, 2010, 31(1): 83-88.